케이엠 시인선 006

꽃도 목숨을 걸고 피는데

구연배

꽃도 목숨을 걸고 피는데

자서自序

삶 반, 꿈 반

사는 일이 꿈같다. 제대로 볼 줄 아는 분별력도 없고 식견도 부족한 탓이리라. 더구나 자신의 작품을 선한다는 것은 차마 못할 짓이다. 자식 자랑하듯 팔불출에 드는 일. 그러나 시력詩歷 이십여년의 압축을 남에게 맡길 일도 아닌 것 같아 책으로 엮는다. 자랑삼을 시詩라기 보다는 나를 지탱해준 삶의 이력이라 함이 옳겠다. 삶반 꿈반! 남은 생이 시가 될 만한 맑고 향기로운 인연으로 채워지길 소망한다면 허황된 꿈일까.

2017년 7월
구연배

차례

자서自序 · 5

1부

빗방울은 깨져야 바다가 된다 · 15
빈달 · 17
달의 이미지 · 19
물이 되고 싶다 · 21
벽 그리고 달마 · 23
채석강에서 · 25
강가에서 · 27
물그림자 · 29
탑 · 31
사랑의 마음 · 33
강, 하나로 섞이는 물노래 · 35
새벽길 · 37
아침 뜨락에서 · 39
고요를 찾아 · 41
달과 하룻밤 · 42

안개가 내리면 · 44
진달래 · 46
입추 · 47
구도 · 48
첫사랑 · 49
지금은 투병 중 · 51
칼 가는 사람 · 52
골목 풍경 · 54
바람이 불면 · 56
당신 · 57
스스로 말하게 하라 · 58
봄을 기다리는 마음 · 59
숨은 강 · 61
눈뜨는 아픔 · 62
어부의 고독은 바다보다 깊다 · 64
흐르는 풍경 · 66
아버지의 오일장 · 68
그리움 · 70
꿈꾸는 밤 · 72
잠들어도 그리움은 쉬는 날이 없네 -비누 · 74
석상 · 76

2부

물의 간극 · 81

아버지의 봄맞이 · 83

안개 · 86

세상의 아침 · 88

겨울 허수아비 · 90

안개 속에서 · 92

안개가 있는 세상 · 94

빙점 · 96

꿈 · 98

쉴만한 그늘 · 99

숲, 맨 처음의 바다·101

아욱국·103

떠오르는 무게·105

바다로 간 사람·107

새 망보기·109

3부

꽃 지는 날에·113

꽃바람·114

꽃씨·115

동백꽃 1·116

옻꽃·118

원추리꽃·119

목련꽃·121

금잔화·122

어리연꽃·123

하늘수박꽃·124

함박꽃·126

석류꽃·127

바람꽃·129

파꽃·130

엉겅퀴 꽃·131

불두화·132

자귀꽃·133

아기민들레·135

지는 꽃·137

새앙꽃·139

심비디움·140

안개꽃·141

성에꽃·143

메밀꽃 필 무렵·144

맨드라미꽃·145

4부

감꽃 지던 날·149
개화 · 2·151
꽃 지는 날 · 2·153
목련·154
목련꽃 아래에서·155
필경사·157
봄·159
봄날 풍경·160
봄날의 소원·162
봄이 오면·163
지는 꽃·164
폐사지의 봄·165
홍수·166
고요는 어떻게 태어나는가·167
꽃무릇 · 2·169
풍장·170
눈내리는 날에는·171
육필·172
그를 만나지 못하고·174
그리움·175
나무농사·176

늑대·177

독도 사랑·179

무인도·181

불효자의 문병·182

사진전·183

점등·184

카페에서·185

풍경·1·187

풍경·2·189

해설 물은 생명의 근원이며 꽃은 애욕의 표본이다·191

1부

빗방울은 깨져야 바다가 된다

모든 꿈들은 깨지기 위해 존재한다.

어둠을 벗고 일어서는
아침 눈동자를 들여다보아라.
깨지고 남은 알맹이가 비로소
빛으로 부활하고 있다.

깨지면 물이 되는 빗방울.
빗방울은 낮은 데로 흘러 강을 이루고
이윽고 파도치는 바다에 이른다.
바다는 햇볕에 닳아 짠물이 되고
날마다 부서져 영원히
바다로 자리매김을 한다.

깨진다는 것은 아름답다.
그것은 하나의 아픈 몸짓에 불과하지만
또 다른 세계를 이루나니

꽃망울은 터져야 향기로운 꽃이 된다.
터진 꽃은 더 큰 공간을 담는다.
오늘 완벽하게 부서진 사람은
결코 절망하지 않으리라.

깨져야 다시 사는 생명
내가 나로부터 멀어졌을 때
내가 보인다.
빗방울은 깨져야 바다가 된다.

빈달

달이 저승에 걸친 다리를
조심조심 건너다
풍덩!
이승에 빠졌다.

개울물은
억센 힘으로 달을 꽉 껴안고
놓아주질 않는다.

밤의 허공이나 물
고일만한 곳이면 어디든
가장 높고 깊이 떠오른 달은
세상의 온 바다를
한꺼번에 밀고 당기며
풀린 지구의 태엽을 한 바퀴
되감아 놓는다.

작은 것 하나도 놓치지 않고

영원의 끈을 잡고 있는 달은
밤마다 이승에 빠져
세상을 더 깊이 가라앉히느니

허공에 빠진 익사체 하나
하염없이 떠다니고 있다.

달의 이미지

저 달 속에는
흔들리면 흔들리는 만큼 더 고요한
숲이 있다.
흐르면 흐르는 만큼 더 깊은
강이 있다.

단숨에 허공을 뛰어넘어
손 내밀면 잡힐 듯
밤마다 나를 비추는 달

저 달 속에는
부서지면 부서질수록 투명해지는
파도가 있다.
비워내면 비워낼수록 차오르는
우물이 있다.

간절하면 만날까
눈에 밟힌 언덕길에서

눈뜨면 그리운 새벽마다
나를 지우는 달.

물이 되고 싶다

강둑에 서서
흐르는 물을 본다.
낮게낮게 아래로만 떠내려가는
저렇듯 끝이 없는 겸손

물은 모양도 빛깔도 갖지 않은 채
잠 속에 나를 적실지라도
나는 물을 보지 못한다.
다만 물그림자에 비친 모습으로
그 마음을 읽을 뿐
빈산에 떠오르는 달처럼
물 위를 흐르지 못한다.

가장 낮은 걸음으로
까마득한 들녘을 적시고
작은 가슴으로
우주를 품에 안은 물은
비어 있으면서 차 있고

차 있으면서 비어 있는 허공이다.

길 너머 길을 보는 물
내가 되어 나를 흘러가는
그런 물이 되고 싶다.

벽 그리고 달마

길 위에 벽이 있다.
벼랑을 밀어올리고
지평선을 가로막은 절벽이 있다.
벽은 길을 감추고
강을 감추고
감춘 모든 것을
아득한 절망으로 떨어뜨린다.

넘어설 수 없는 벽에 부딪쳐
햇빛이 희망 없이 스러지고
제 주검을 앞세운
행렬의 뒷모습을 본다.

벽에 갇혀
세상을 깨친 달마는
어떻게 허공 건너 벽을 넘어
광막한 삶을 꿰뚫었을까.

아, 벽에 갇힌 길 유유히 걸어갔던
달마의 걸음을 밟고 싶다.
가뿐히 절벽을 기어오르는
개미 한 마리
나는 벽을 업고 나를 넘는다.

채석강에서

시작이면서 끝이고
끝이면서 시작인 해안선은
바다도 땅도 아닌 물의 속살만으로
하얗게 붐빈다.

바다로 한 걸음도 더 나가지 못하고 끝내
벼랑이 되어버린 산맥과
더는 뭍으로 밀어내지 못하고
스스로 부서져 물이 된 파도가
여축없이 그 절정에서 굳어버린 채석강

벼랑이 되어 바다를 굽어보는
바위의 깊은 눈매를 좀 들여다보라.
화석이 되어
바위 속을 스치고 부서지는
싱싱한 파도소릴 또 들어보라.

섞이지 않으면서

비늘처럼 반짝이는 세월이
서로 그리워
가슴에 뜨거운 빗금을 긋고
낭자하게 부서지고 있느니

이제는 다 알겠다는 듯
허공을 훨훨 날아가는 바닷새 한 마리
삼켜도삼켜도 물리지 않는 허와 실.

강가에서

강은 서두르지 않는다.

건너뛰어도 될 들판이나 산맥
지름길을 버리고
자아를 빠져나온 물방울 하나하나
온몸으로 굴러와 얼굴을 묻을 때까지
고요히 기다린다.

지류들이 옆구리에 혈관을 뚫고
맑은 물을 수혈하는 동안에도
강은
세상이 건널 수 있는 깊이만큼
깊어지기 위해
자갈을 옮기고 바닥을 다지는 노동을
멈추지 않는다.

숲이 죽고 둑은 무너져도
알을 품다 떠나버린 물새를 위해

푸른 이마를 뜨겁게 달구고 있는 강

세상을 적실 때만 흐름을 서두르는
강가에서
누군가 싱싱하게 물 오른
제 목숨을 투망질 하고 있다.

물그림자

물속을 들여다보면 거기
좀처럼 마르지 않을
슬픈 얼굴이 보인다.

거울을 닦듯 물을 닦는다.

한바탕 아픔으로 출렁이다가 이내
제 자리를 잡고
말갛게 다시 고이는 물

물은
내장까지 훤히 비치는
그리움을 연신
밖으로 밀어올리고 있다.

하여 물그림자는 때로
나보다 더 나를 잘 읽어내고
어깨 밑에 감춰진 서러움

한목에 드러내느니

사랑할 수 없는
그러나 미워할 수는 더욱 없는 당신
시간이 흐르면 나로 뜰 수 있을까

물속을 들여다보면 거기
젖은 채로 나를 위로하는 낯익은
당신 얼굴이 있다.

탑

세상의 모든 이름은
지워지기 위해 존재하고
존재하기 위해 지워진다.

미완성보다 더 불안한
완성
그러므로 지워지는 것은 아름답다.

허물어진 한 시대를 훌쩍 뛰어넘어
중심을 잡고 반짝 일어서는
탑을 보라.
더 뜨거운 시대를 위해
더 큰 탑이 되기 위해
주저없이 스스로 무너지고 있다.

달이 제 모습을 바꿔가며
불 탄 숲속으로
소리 없이 계절의 바퀴를 밀고 가듯이

부서짐의 절정에서 터져 나오는
고요한 소리로 일어서고 있다.

사랑의 마음

꽃을 보고 울었던 그 눈물
꽃으로 피어날 수 있다면
얼마나 향기로울까

이슬을 보며 황홀했던 그 눈동자
이슬로 맺혀 눈뜰 수 있다면
얼마나 투명할까

향기롭게 다가가
투명한 가슴으로 만나야 할 사람.

낙엽을 보며 노래했던 그 목소리
낙엽으로 다시 뒹굴 수 있다면
얼마나 아름다울까

강물을 보고 깊어졌던 그 마음
강물이 되어 흐를 수 있다면
얼마나 고요할까

아름답게 타올라
고요한 영혼으로 꿈꿔야 할 사랑.

강, 하나로 섞이는 물노래

떠도는 안개이다가
풀잎 끝에 맺힌 이슬이다가
승천하지 못하고 강물이 되어
바다에 이르는 동안
서로의 가슴에 뜨는 달을 잡고
부서지는 파도

강둑 저 멀리
몸을 섞는 물길 속으로
그물을 던지는 한 사람
살 오른 허무만 연신 건져 올리고 있다.

다시는 흩어지지 않을 듯
섞인 마음에
길 하나 떠서 함께 흐르고

등 푸른 강물이
물비늘을 세우고 달아난 모래밭에는

바람이 새겨놓은 발자국
무더기로 깔려 있다.

격정을 흐름으로 다스리는
강, 하나로 섞이는 물노래를
밤마다 가슴으로 듣는 꿈
무심히 깊어가고.

새벽길

누가
바람 속에 바람으로 불어와
순결한 풀빛이 되고
꽃 속에 꽃으로 다가와
투명한 향기가 되는지
눈뜨는 아침보다 먼저 깨어나
숲으로 가는
새벽길을 걸어보면 안다.

누가
씨앗 속에 씨앗으로 떨어져
뜨거운 뿌리가 되고
흙 속에 흙으로 부서져
고요한 땅울림이 되는지
새벽 강물보다 먼저 일어나
나를 흘러간
우물을 들여다보면 안다.

아, 침묵보다 더 고요한 말씀으로
묵은 귀를 씻는 내 비밀한 당신.

아침 뜨락에서

바람이 쓸고 가는 어둠 사이로
물안개 타고 오는 새벽
아직 깨어나지 않은 속 뜰을 걷는다.

이적지 열지 못한
의식의 눈동자 뜨고 보면
잠긴 하늘 열리는 마른 목에
삼투압 되는 동력의 빛

이승에 매인 이름 풀어놓고
하나 둘
꽃이 되고 나무가 되는
부활의 축복으로

나무는 손 흔들어 환호하고
온몸에 물결치는 아침 교향악

이제 가진 것 없어도

비워냄로 더 맑은 샘물 속에
오늘 하루 영혼의 물꼬를 트고
능소화 핀 울안
아침 속 뜰의 잡풀을 뽑아낸다.

고요를 찾아

숲으로 가라
숲에 가면
살아 있는 소리들로 가득한
고요를 만나리니

새가 울고
나뭇잎이 흔들리고
계곡물 흐르는 소리
낙엽 썩는 소리
썩어서 흙이 되는 소리

들어보라
저 끝없이 맑은 소리의 합창

삶이 없으면 고요가 아니다.

달과 하룻밤

창 두드리는 소리 있기에
창문을 열어 놓았더니
수줍은 눈썹달이 살며시 들어와
내 오른팔을 베고 눕는다.

아무 말도 못하고 가슴만 뜨거운 채로
외로움을 다독이다
선잠 속에 창백한 꿈 서럽게 부서지는 새벽
실눈 뜨고 바라보니
달은 내 왼팔에 잠들어 있다.

밤새 나를 건넜을까
내가 달을 넘었을까

먼 산 계곡에 어둠을 깨우는
독경 소리
마당을 쓸고 가는 바람소리

야윈 눈썹달을 껴안고
새벽 이불을 당긴다.

안개가 내리면

갯내음이라고도 하고
물비린내 같기도 한 안개는
강 중턱에서 시작해 들판을 덮치고
아무도 익사시키지 않으면서
마을 전체를 고스란히 잠기게 하더니
언덕을 지우고
언덕 위의 길을 지우고
길 위의 숱한 꿈도 지워
지운 모든 것
뿌리는 뿌리로 줄기는 줄기로
새살 차오르게 하느니
안개가 내리면 사람들은
가장 깊은 곳으로 가라앉아
바다보다 더 웃자란 고독과 침묵을
한 움큼 움켜쥐고
아침 수면 위로 떠오른다.
한 사람 또 한 사람
떠올라 숲이 되고 그늘이 되는

노동의 들판으로
안개를 걷고 세상이 다리를 놓는다.

진달래

눈멀었어라.
범람하는 붉은 꽃빛에 그만
약시의 눈동자 깜깜하게 눈멀었어라.

멍들었어라.
진달래 꽃잎 따 먹고 밤새
울어쌓는 소쩍새 울음 파랗게 멍들었어라.

어이없이 길을 잃은 누이에게는
헤엄쳐 나가지 못할 꽃 사태
황톳길 언덕이 힘없이 무너지고
처마까지 차오르는 붉은 산그늘

봄이 오면
꽃 사태에 깔려죽은 예쁜 내 누이
무더기로 떠내려 오고
곱디고운 사람들 기다리는 오월
홀연히 떠내려가고.

입추

태양이 고도를 낮추고
낮의 길이를 줄일 때
그늘 한 자락 선선히 깔고
놀에 눕는 저녁 산.
움 돋기를 마친 씨앗이
씨앗으로 되돌아가는 길목에 서면
한 계절 잔치로 얼큰히 취한 저마다의
삶을 만나게 된다.
꽃씨는 멀리까지 날아갈 만큼
시선이 투명하고
열매를 물고 있는 나무 입에서는
단내가 난다.
살아왔는지, 살아졌는지
바람에 흔들리는 가지를 보며
그 뿌리의 무게를 조심스럽게 가늠해 보는 것조차
알량한 나의 사치일지 모른다.
길고도 고단했던 노동을 끝내고
스스로가 스스로를 얼마나 속이고 또 충실했는지
속살 여물며 깨달을 터이므로.

구도

한 번도
꽃 속의 꽃으로 피어나
약시의 눈 속으로 흘러든
그 얼굴 보지 못했네.

바람 속의 바람으로 부서져
난청의 귀를 열게 한
그 목소리 듣지 못했네.

가던 길 멈추고
뒤돌아보면
꼭 한 사람의 발자국 있어
외로움에
엉엉 울어버린 날이 얼마던가

아 나는 몰랐네.
그것은 길보다 먼저
길이 된 당신이었네.

첫사랑

세상을 눈뜨게 하던 첫사랑
그 시디신 몽유 뒤에는
세월에 묻힐수록 반짝이며 맑아지는
우물 같은 한 사람 있네.

작고 야윈 두 어깨 위에
고향 뒷산을 통째로 짊어지고
도시로 간 여공 옥녀.

훌쩍 몸이 큰 처녀가 되어
산그늘보다 더 깊고 아늑한 가슴에
나를 집어넣고
딱 한 번 달빛에 보여준 뽀얀 젖살을
지금도 뚜렷이 기억하고 있네.

가벼운 입맞춤이 나를 슬프게 했지만
두려움에 떠는 아이처럼
콩콩거리는 가슴으로 느껴보았던 어깨 밑이

왜 그렇게 따뜻하고 포근하던지

우울한 뒷모습 보이지 않으려고
나를 앞세워 걷던 옥녀
살짝 듣기로는
충청도 어딘가에서 신발집을 한다는데

뜨거운 입김에 익사할 뻔한 그 밤
기억이나 할런지
가로등 불빛 사그라진 골목을
가볍게 걸어와
만날 날이 있기는 일을런지

지금은 투병 중

아내가 돌아와 앉을
의자를 닦는다.

먼지를 뒤집어쓰고
힘없이 쓰러져 있는 나무다리를
걸레로 쓱 문지르니
죽어 있던 무늬가 결 곱게 되살아난다.

닷새 후면 아내는
이 의자에 앉아
비워둔 공간을 채우고
따뜻하게 세상을 바라볼 것이다.

그리고 저 나무무늬처럼
결 곱게 회복될 것이다.

아내는 지금 투병 중이다.

칼 가는 사람

그는 섬세합니다.
시퍼렇게 날을 세워
하늘 깊숙한 허공을 벨만큼
예리하고 섬세합니다.
무엇을 보지 않고도
어느 깊이로 베어야 하는지
정확하게 날을 세우지만
물건을 자르는 데는 별 흥미가 없습니다.

칼을 갈며 가난을 견딜 뿐이지요.

굳이 날을 대지 않고도
군살이나 삶 뒤의 슬픔을 상처 없이 잘라내는
푸른 빛 영혼의 칼을
언젠가는 만들어 보일 것입니다.

그럼에도 가장 베기 힘든 것이
눈물이라고 합니다.

아마 베어도베어도 피 흘릴 줄 모르는
허무 때문일 것입니다.

골목 풍경

술 취한 긴 그림자 끌며
후적후적 걸어가는 사람에게는
가난도 힘이 되는 곳

벌떡 일어나 대문을 활짝 열어놓고
별빛이 묻어 있는 새벽어둠
싸리비로 쓱쓱 쓸어 모으면
삶의 뒷얘기들이 반짝반짝 되살아나는 곳

다닥다닥 붙어 있는 처마 밑
허름한 담 사이로
옆집 온씨 아저씨 밤마다 비밀스럽게 힘쓰는 소리
아 귀 막아도 사정없이 들려오는 곳

술내가 그리워서
아픈 뒷얘기가 많아서
터놓고 살 비비며 살아가는
비린 소리 듣고 싶어서 하고 싶어서

찌그러진 세간 살이 잔뜩 싣고
누군가 이사를 온다.

골목 안이 후끈 달아오른다.

바람이 불면

바람이 불면
숲 속의 나뭇잎들이 일제히
한 곳으로 쏠린다.

사람의 눈으로는 알 수 없는
비밀한 그곳으로
온 들판의 풀잎도 몸을 누이고
물결은 끊임없이 밀려가는데

무엇이 저들의 시선을
한 꼭지점으로 묶는 걸까

그 같은 바람 나에게도 불어와
오직 한 사람 그대를 향해
애오라지
기울어진 모습으로 살고만 싶다.

당신

내게
단 하나의 그리움을 알게 한 당신
그리하여 꿈마다 뜨거운 포옹입니다.

내게
단 하나의 기다림을 가르친 당신
그런 까닭에 맨발로 넉넉한 눈길입니다.

말없이 나를 보아도
오랜 동안의 침묵을 다 듣느니

언젠가는 내게
단 하나의 진실을 알게 할 당신
그러면
죽음도 우리를 갈라놓지 못할 것입니다.

스스로 말하게 하라

고요한 숲을 흔들어
다 털어내지 못한 어제의 우울을
스스로 말하게 하는 바람처럼

이끼 낀 바닥을 흘러
말끔히 씻어내지 못한 지난날의 얼룩을
스스로 닦아내게 하는 강물처럼

흐름으로
흘러간 것을 잔잔히 떠오르게 하고
살아감으로
살아온 것들을 생생히 그립게 하는
그런 삶을 살고 싶다.

퍼 올리면
퍼 올리는 만큼의 거리를 두고
우물은 우물 스스로 차올라
투명하게 고이는 법이므로.

봄을 기다리는 마음

봄이 성큼성큼 마을로 내려오지 못하고
멀리 눈 덮인 골짜기에 갇혀
시름시름 앓고 있을 때
농부는 긴 겨울잠에 굳어진 허리를 펴고
마늘밭에 불을 지르러 간다.

언 땅에 뿌리를 내리고
얇은 껍질 하나로 바람과 추위를 버틴
억센 그 힘으로 마늘은
불기운을 움켜쥔 채 실팍한 줄기를 밀어올리고
조각난 제 몸을 몇 배로 불려가며
아린 맛을 깃들일 것이다.

볼이 맑은 아이들은
웃자란 보리싹을 밟으며
쥐불놀이로 들녘의 깊은 잠을 깨우고
질긴 쑥 뿌리들이
겨우내 허물어진 언덕길을 솜씨 좋게

깁고 메우는 한낮
외양간에 늙은 암소가
상큼한 입맛을 다시며 하품을 한다.

어둠이 와도 잠을 털고 일어서는 숲
강물 불어나는 소리 귀에 가득 차오르고
상 위에 메주콩을 부어놓고 아투 가리며*
밤 이슥토록 도란도란 나누는 윗집 얘기
흙 담을 넘어 훈훈히 들려오는데

스산히 불어대는 돌개바람은 오히려
근원을 드러내고
다 죽어 엎드린 빈들을 푸르게 되살려
꿈과 현실의 구별 없이 오래오래
한 뿌리로 살아가게 한다.

* 아투 가리다 : 나쁜 콩을 골라낸다는 뜻의 전라도 사투리

숨은 강

강을 만나지 못했다.
오래도록 강도 내게 오지 않았다.
그럼에도 언제나 나를 흘러가는
저 깊고 푸른 강은
유년의 뒷산 잡목 숲 사이로
이끼 낀 자갈을 밤새 굴리고
눈 내린 빈들
아무도 몰래 빠져나온 발자국마다
달을 띄운 작은 연못이 되느니
따뜻한 삶의 울타리를
송두리째 쓸어버릴 물결 속으로
부질없이 키워온 나를 밀어 넣는다.
세상이 쓰러지고
쓰러진 세상을 밀고 가는
단 하나의 물길만이
나를 일으켜 세우는 강.
강은 숨어서 흐르고
눈뜨면 흔적도 없어라.

눈뜨는 아픔

내 눈 속에 들어와
눈동자를 씻는 그대여
당신의 눈빛만큼 나는 맑아지고
내 영혼 속에 들어와
핏물 고이는 그리움이여
기다림으로 나는 날마다 뜨겁다.

그리움이란
내 안에 네가 눈뜨는 아픔

내 가슴에 물꼬를 트고
강물처럼 흘러드는 노래여
당신의 음성을 듣는 귀 밝은 새가 되고
먼 기억의 잠 속으로 들어가
영원을 잣아 올리는 꿈이여
당신의 손길로 열리는 새벽은
언제나 눈부시다.

사랑이란
네 안에 내가 눈뜨는 환희.

어부의 고독은 바다보다 깊다

수평선 너머
그리움보다 더 멀리 있는
시원의 바다를 찾아
어부는 오늘도 등 푸른 삶을 건지러 간다.
까마득한 허공을 깊이 감추고
둥둥 떠 있는 벼랑 위에 서서
보이지 않는 물 밑
가라앉은 삶을 훑노라면
그물에 걸려 올라오는 것은 언제나
해파리 같은 마음 밖의 하얀 그림자들.
어디선가 불씨를 물고 날아온
새 한 마리
초점을 잃어버린 눈동자 속으로
깊숙이 내리꽂힌다.
가슴에 잠긴 어둠이 활활 타오르고
타올라 재가 되는 바다.
절망도 목숨을 사랑하는
뜨거운 한 방법임을 배우며

파도를 쓸어 모으는
어부의 고독은 바다보다 깊다.

흐르는 풍경

창밖은 언제나 붐빈다.
쓰러지고 일어서는 것들
작고 투명한 유리창 안에 들어와
흔들리고 있다.
쓰러짐으로 일어서는 것들을 밀어올리고
일어섬으로 쓰러지는 것들을 껴안는
따뜻한 세상.
흔들린다는 것은 그러므로
삶과 죽음의 중간쯤에서 나부끼는
역동의 몸부림이다.
살아 있다는 움직일 수 없는 증거다.
의식의 끄트머리에 매달려
늘 목마른 사람들은
무너질 것을 예비하고
일어설 것을 준비하며 흔들리는
창밖의 세상을 쓸쓸하다고 말하지 않는다.
오고 감이 아름다운 세월의 꽃수레에
제 몸을 싣고 묵묵히 따라 흐를 뿐

흐르며 저도 세상도
까마득히 잊고 잊혀질 뿐.

아버지의 오일장

흔들흔들 물그림자 비치는 나무다리를 건너
아주 강을 건너기 전에 몇 개
물돌 징검다리 마저 건너
잰 걸음으로 오십 보쯤 올라가다
담배 한 대 피워 물고
서서히 장이 달아오르기를 기다렸다가
장터 입구 대장간 박씨에게
무뎌진 쟁기 날을 벼리라 던져놓고
바로 그 아래 기름집에
들깨 두어 말 부어주며 나중에 찾겠다 이르고
강변 뻥튀기집에서 강냉이튀밥 두 통 뒤 맡겨놓고
쇠전에 들러 그놈 참 이쁘다
궁둥이 툭툭 치며 시세 물량 알아보고
언덕배기 국밥집에 들어가
돼지암뽕 곁들여 막걸리 한 되 좋게 마시고
장터 한 바퀴 휙 둘러가며 골짝골짝 묵은 소식 듣고
똑 부러진 말로 들은 소문 전하고
낯익은 장돌뱅이들과 덕담 몇 마디에 너털웃음 웃고

축 늘어진 명태 서너 마리 사고
아들놈 검정고무신 골라 옆구리에 꿰차고
양지바른 쪽에 쪼그리고 앉아 한 숨 달게 졸다가
불알친구 만나 흉금 없이 한 잔 더하고
용케도 왔던 길 되밟아가며
맡긴 물건 찾아 휜 어깨에 들쳐 메고
징검다리 건너오다 다리 한쪽 물에 빠지고
터벅터벅 집에 가는 황톳길.
뉘엿뉘엿 어스름 땅거미 동구 밖까지 내리고
박꽃 같은 달이 등을 밀며 따라오고
소쩍새 애절하게 울음 울고
옛 노래 몇 소절 구성지게 부르다 기침하고
당신 와요, 연배 아버지 와요
지아비 찾는 지어미 소리 아득히 들리고
풀잎마다 이슬 흠뻑 내리고
어깨를 기댄 두 그림자
강 안개 자욱이 깔린 동네 안으로 서서히 잠기고.

그리움

얼마를 흘러야
그대에게 닿을 수 있습니까.
시작이 없으므로 끝도 없는 길
흘러흘러 나를 지우며 갑니다.

그대는 아시겠지요.
스스로 일어나
스스로 눕는 바람을 따라
흔적도 없이 사라지는
물결 그 아래의 깊고 고요한 슬픔을.

터진 하늘 사이로
나를 부르는 목소리 있어
다가가면 언제나 저만치에
그대인 듯 달이 뜹니다.

달은 여백 많은 눈동자에 부서져
어느새 멀리까지 길을 비추고

이것이 그대와 나의 사랑
전부인 것입니다.

꿈꾸는 밤

나는 밤마다 눈 번히 뜨고
꿈을 꾸는 새가 된다.
삶과 죽음의 피안을 날아다니며
추억의 먼 별 밭을 찾아
날개 저어가는 아득한 지평 어디쯤에
나의 꿈을 뉘일까.
산다는 것은
곰팡내 찌든 지난날의 누추한 방에
아름다운 미래를 초대하는 것.
오늘 하루
낙서로 얼룩진 내 삶의 낙장(落張)을
빈 시간에 끼워 넣고
조용히 묵상하는 시간 속으로
불면의 밤이 찾아와
광막한 어둠의 형틀로 쥐어짤 때
거기 내 소망의 별 하나
등대처럼 떠오르나니
아, 나는 오늘밤도

한 소절의 노래 부르면서
부르면서 꿈을 물어 나르는 새가 된다.

잠들어도 그리움은 쉬는 날이 없네
―비누

당신은 나를 위해
단 한 번도 깨끗한 얼굴로 다가오지 않았네.
때 묻고 땀 젖은 모습이어도
그림자 짙게 드리워진 당신의 넓은 등이
하얗게 빛나도록 닦아드리리니
아주 가끔씩 일지라도
나를 찾는 그 마음 내 알기에
뼈가 닳는 아픔도
살 깎이는 고통도 기꺼이 즐겁네.
거품이 되어 슬픔을 안으로 감추는 동안
당신은 나를 말끔히 씻어내네.
오, 티 없이 맑은 당신
이제 나
그대 마음 속 그늘도 지워버리고
생생히 윤을 내리니
흙 묻은 모습으로 다가와 눈부신 속속들이
깊고 그윽한 향기로 남아
그대 우울한 머리맡을 떠나지 않으려네.

꿈꾸소서 끝없이

나를 덜어냄으로 고이는 행복

잠들어도 그리움은 쉬는 날이 없네.

석상

억겁의 세월을 피울음으로 외쳤다
해도, 꿈틀대는 생명을 꿰뚫어보는
석공의 눈빛이 없었다면
한갓 바윗덩이에 지나지 않았을 그대

살점이 뚝뚝 떨어져 나가는
아픔을 참고 견디어
비로소 그리던 이승으로 환생하던 날

아 그러나 청동 수의를 입고
또 다시 영어의 몸이 된
슬픈 운명이여!

입은 있어도 혀가 없고
귀는 있어도 고막이 없는
속죄의 세월 얼마나 흘러 흘러야
말문이 트일까

폭풍이 너의 무릎을 꺾어놓고
눈 못 뜨게 할지라도
부러진 팔뚝 젓고 또 저어라
번갯불이 내리쳐 두개골 쪼개거든
불씨 당겨 활활 타올라라

찬 이슬에 마른 목을 축이며
하늘을 짊어지고도 너끈히 일어섰던
두 발목으로
저 높은 순수의 세계까지 걸어서
걸어서 올라라, 석상이여!

2부

물의 간극

물길은
어디가 끝이고 처음인지 모르지마는
바라보는 여기서
나를 흘러가고 또 그렇게
내게 흘러온다는 것이
물속의 달을 보면 보다 분명해진다.

달이 뜨거든
강둑을 거닐어 보라. 그리고
내일 다시 그 자리에 가서
무심히 강물을 들여다보라.

강은
한 잠 자지 않고 밤새
그대가 알지도 못할 곳까지 흘러갔다가
흘러와 강기슭을 찰싹거리며
싣고 간 달을 꺼내놓고
어두운 발밑을 비춰 주리니

그대 빈산을 휘감는
파도 소리를 또 들어보라
강은
광막한 여행의 감동을 못 잊어
온몸을 들썩이며 얘기하고
신비의 노래를 끊임없이 쏟아놓으리니

그렇게 흘러가고 흘러와
세상을 아름답게 하고 영원하게 하는
강물에 나를 밀어 넣고
처음이면서 끝인 물길의 간극 없는 사이를
깊이깊이 헤아려본다.

아버지의 봄맞이

겨우내 녹슬고 무뎌진 쟁기 날을 벼리고
헐거워진 괭이자루를 맞춰 끼우며
아버지는 들판을 갈아엎기 위해
양지쪽 구석배미부터 도랑을 친다.

눈이 녹고 땅속 깊이 박힌 얼음도 풀려
흥건히 봄물 고이기 시작하면
쟁기 날이 잘 먹겠는지 여기저기
삽을 찔러보고는
일 나갈 날짜를 큼지막이 달력에 그려 넣는다.

그리고는 헛간에 넣어둔 멍에를 꺼내
정성껏 반질반질 닦는다.
아버지는 언제나 철저해서
어느 것 하나 소홀히 다루는 법이 없었으니
어쩌면 그것은
자신의 멍에이기도 했으니까

새벽부터 저녁 늦게까지 쟁기 일은 계속되고
갈아엎은 골과 이랑이
봄 햇살에 젖은 몸을 말리며
깊은 숨을 들이쉰다.
그때 나는 보았다.
어머니의 젖살처럼 흙이 부드럽고
반짝반짝 윤이 나는 것을
그리고 살아서 꿈틀대는 모습을.

그러나 봄 흙은 아직 무르고 유약해서
거름을 주고 아침저녁으로 일일이
물꼬마다 물을 물려야 했다.

이어받은 땅, 의심할 것도 없이
고스란히 물려주고 싶어 하시는 아버지는
땅심을 키우는 쟁기질과
헐거운 자루를 맞춰 끼우는 요령과
농사 때를 정하는 놀라운 지혜를 가르쳐 주셨다.

그리고 몇 번이나
빼앗겼다 되찾은 땅이었는지
크게 미안한 마음을 가져야 한다며
틈 날 때마다 농부 됨에 대하여 말씀하셨다.

온 들판을 갈아엎고 나서도
마음 밭을 가는 아버지의 쟁기일은
사는 날까지 멈출 줄을 모른다.

안개

안개가 위대한 것은
그 희미함으로, 세상을
섬뜩하리만치 선명하게 보여주는 데 있다.

매일 매일 만나는 안개 속에
투명한 새벽길이 숨어 있느니
그러므로 맑고 깨끗한 것만 꼭
아름다운 것은 아니다.

아침에 일어나
물 위를 걷듯 조심조심 걸으며
세상을 감췄다 드러냈다 하는
안개 속으로 깊이 들어가 본다.

안개는 복선을 깔고 있지 않았다.
애매모호하지도 않았다.
그저 희미함으로
너와 나 없이 한껏 품에 안을 뿐

그리고 품은 것 세상에 다 내줌으로
그에 걸 맞는 이름을 지어주고 있을 뿐

오랜 시간 그리운 것 그리워하며
제 갈 길을 찾았거나 그랬지
안개 속에서 길을 잃어
영영 돌아오지 못했다거나
방향을 잃고 떠돌았다는 말을 들어본 적이 없다.

안개의 희미함 속에
신비한 세상길이 뚜렷이 박혀 있다.

세상의 아침

어둠이
꼬깃꼬깃 접어두었던 길을
세상에 풀어놓는 새벽.
길은 저마다 흩어져
산으로 들로 가고
어떤 것은 물길이 되어 우물 속으로 들어가
서운한 꿈을 마저 꾸기도 한다.
그러고 보니 안개는
강이 아니라 모락모락 김을 피워 올리는
길에서 시작되고 있었다.
길은 모두 따뜻해서
새들이 언 발을 녹였다 날아가고
언덕 너머
푸르름을 밀어 올리는 풀뿌리들.
사람들도 제일 먼저
길을 걸으며 하루를 시작한다.
어둠이 길을 펼쳐놓고
한꺼번에 세상을 들여다보는 아침

나는 그것을 빛이라 한다.
한 날의 깨어남이라 한다.

겨울 허수아비

역부족이었을까
낱알 하나도 챙기지 않고 고스란히
들녘을 내주더니
눈 속에 발목을 파묻고 얼어붙은
너의 두 눈동자

몸 기울여
슬픔을 쏟아낼 듯 한데
그러나 야윈 어깨만 간간이 들썩일 뿐
행여 들킬세라
속울음을 삼키고 있다.

너로 하여
온전히 영글었던 씨앗들은
따뜻한 곳간에서 겨울잠을 자고
멀리 쫓아버린 새떼들만 더러
들렀다 쉬어갈 뿐
너를 껴안고 몸 데워줄 누구도

곁에 없다.

삶이란
사랑만으로는 지탱할 수 없는
환절기의 몸살 같은 것
앓아도 앓아도 면역이 생기지 않는
빈 들 가득
멀미하는 바람뿐이다.

안개 속에서

빈들이나 마을
보이는 것 모두 점령하고도
옛 길 고스란히 남겨두고
풀잎 하나 꺾지 않더니
세상의 고요를 가일층 깊게 하기 위해
수런대던 눈동자들을 하얗게 눈멀게 한다.

어둠보다 더 깜깜한 안개 속에서
유유히 계절을 실어 나르는
강물을 보아라.
바다에 이르러 더는 흐를 수 없는
억겁의 세월을 차곡차곡 쌓아두고도
넉넉히 비어 있는 허공을 또 보아라.

안개는
떨어지는 꽃잎 하나의 무게에도
온몸을 기울여 흔들리고
보이지 않는 깊은 상처까지

소리 없이 문질러 아물게 하느니

보이지 않아서 벼랑뿐인 새벽길을
누가 맨발로 걸어가는지
어느 꽃이 조심스레 저를 피워
세상을 향기롭게 하는지 알 수 있다.

보이는 것들은 사실
우리를 얼마나 쓸쓸하게 했던가
가질수록 뼛속 깊이 허전하게 했던가

그럼에도 안개는
세상의 것들로 서로서로 중심을 잡고
타오르라 한다.
타올라 보이지 않는 곳까지 날아가
길이 되고 꽃이 되는
아름다운 혁명의 씨앗이 되라 한다.

안개가 있는 세상

성냥을 그어대면
확! 타올라 흔적도 없이 사라질 것 같은
안개는
빛도 어둠도 아닌 내연의 불씨를 감추고
언제나 젖어 있다.

한 아름에
세상의 모든 허무를 깍지껴 안고
깜깜하게 길을 지우지만
시선이 맑은 눈 감고 오래토록
안개 속을 걸어본 사람은 안다.

안개가
얼마나 많은 불씨를 쉴 새 없이
세상에 그어대는지
바싹 마른 허공을 적셔
뜨거운 핏톨 흐르게 하는지 그리고
삶의 무게에 짓눌려 가라앉은

우울 그 단단한 앙금 위로
깊고 맑은 희망을 고이게 하는지

촛불을 켜지 마라.
켰거든 끄지 마라.
안개 속에서는 다만
거기 그대로 고요해야 하느니
흔들리며 살아온 바람조차
낮게낮게 허리를 숙이고
숙인 그 자리에서
흙이 되고 꽃이 되고 숲이 되지 않는가.

결국 세상은 안개를 만들고
안개는 길을 부활시켜
그대와 나 보이지 않는 곳에서
하나가 되고 생명이 되는
사랑을 배운다.
눈감아 더욱 선명한 그리움을 갖는다.

빙점

허무로부터 한 발짝도
자유롭지 못한 어제와 내일 사이는
언제나 아득한 벼랑 같은 것

결국 통째로 몸을 던져 맛봐야 할
삶의 짜릿한 절정을
오늘 내게 허락할 수는 없는가
벌써 또 하루 맥없이 스러지는데

날마다 깨어나
능히 세상을 끌고 가고도 지칠 줄 모르는
강물의 푸른 힘은 어디서 나오는가.
어두울수록 빛나는 하얀 물길과
흐르면서 흐르지 않는 달의 중심은 또
어디에 뿌리를 박고 있는가.

얼음이면서 물이고
물이면서 얼음이 되는 빙점

자유함으로
허무 그 너머까지 마음껏
세상 경계를 넘나드는
나만의 빙점을 갖고 싶다.

꿈

내 잠 속에 들어와
꿈이 된 사람아

이승 건너 저승 건너
영원 별이 됐느니

나 또한 그대 잠 속 들어가
꿈이 되는 날

깨어나지 말았으면
아니, 시공 구별 없이
살 수 있으면.

쉴만한 그늘

그곳에
푹 빠져도 좋을 그늘이
지금도 싱싱하게 자라고 있을까

젖을수록 따뜻한 노을
여전히 타오르고 있을까

바람과 나무와 바위뿐인 숲에서
나는 저를 올려다보고
저는 나를 내려다보며
온종일 고요한 마음 나누었느니

아 그리워라
일어서면 노래가 되고
흔들리면 춤이 되는 풀잎 언덕

멀리 동구 밖까지 내다보며
붉은 이마를 식혀주던 홰나무

지금 찾아가도
푸른 눈매를 꼿꼿이 세우고
쉴만한 그늘 한 자락 선선히 내줄까

마셔도 마셔도 취하지 않을 바람
여전히 씽씽 불고 있을까.

숲, 맨 처음의 바다

어둠이 걷히는 새벽 숲을
하염없이 바라본다

갓 피어난 나뭇잎들이
세상으로 흘려보내는 푸르름
창밖은 벌써
깊이를 감춘 녹음이
처마 밑까지 차오르고 있다

바다 이전의 바다
숲으로 헤엄쳐 간다

숲에서는 모두가 맨발이다
나무나 새 다람쥐
안개나 바람
산을 넘어가는 달까지도 맨발이다

신발을 벗고 흙을 밟는다

간지럽고 따뜻하다
흙이 살아 있음으로 부드럽다는 것을
새삼 깨닫는다

문득, 흙속에 묻혀
녹음을 밀어 올리는 뿌리처럼
숲에 묻혀
나만의 바다를 밀어 올리는
시인이 되고 싶다, 고 생각한다

고여 있거나
낡은 것이라고는 없는 숲
집에 돌아오는 길은 온통
익사해도 좋을 바다
녹음이었다.

아욱국

뒤란 공터에
이랑을 내고
아욱씨를 뿌렸습니다.

근 두어 달
다북다북 찬 이슬 내리고
바람도 많이 다녀갔습니다.

소쩍새 울고
빈 달 더욱 휘황한 밤 지새고 나면
아욱 잎에 찍혀 있는
파아란 발자국들

새였을까
달이었을까

한 잎 한 잎 곱게 뜯어
아욱국을 끓여놓고 당신을 생각하니

그새 녹음 꽉 들어찬
고향 숲이 보입니다.

떠오르는 무게

가라앉는 것이 모두
무게를 갖는 것은 아니다.

물과 물이
한 몸으로 섞여 출렁일 때
수평선 너머
나 하나의 바다는 무심히 솟구쳐 오르고

어둠이
세상을 깊이깊이 묻을 때
지평선 너머
나 하나의 길은 눈부시게 떠오르나니

하루에도 몇 번씩 무너지고
허무 속으로 무겁게 가라앉을지라도
한목에 나를 건져 올리는
산뜻한 생각들

아, 세상보다 더 무겁지만
나를 업고 허공을 건너는 삶이여
그러므로
무게를 갖는다는 것이 모두
가라앉는 것은 아니다.

바다로 간 사람

아무도 모르지
모래밭을 걸어간 외발자국
그날의 마지막 쓸쓸함을.

누구도 모르지
발목까지 푹푹 빠지고도 가야만 했던
삶의 끝없는 폭력을.

무엇이 순진한 그의 등을
바다로 밀어 넣었을까
빗장 걸어 세상을 닫게 했을까

생각느니
얼마나 서걱대는 걸음걸음이었을까
빠진 발목을 들어올리며
살을 베어내듯
제 목숨의 무게를 버려야 했을까

다시는 타오르는 놀을 보지 못하고
녹음 자욱한 새벽 숲길 걷지 못하고
인정 뜨거운 골목
왁자한 풍경 소리 듣지 못할 줄 알면서
바다로 간 사람

끝끝내 내게서 저를 죽여버린 사람.

새 망보기

씨앗 심은 텃밭에 새떼를 쫓으라기에
시집 한 권 챙겨 들고
밀집모자 눌러 쓰고
나무 그늘에 앉아 망을 봅니다.
강냉이 콩 호박 상추 아욱 씨들이
단단한 껍질을 벗고
연한 살을 뾰족뾰족 밀어 올렸는데
그것 뜯어먹자고 기어오르는 벌레들하며
멧비둘기 까투리 장끼 콩새 박새
건지숲의 새란 새는 다 날아듭니다.
촉 틔운 씨앗을 빼먹는 놈
비린 떡잎을 쪼아 먹는 놈
경중거리는 발목과 투명한 부리가 너무 예뻐
넋 놓고 구경만 했습니다.
혼낼 일만 고스란히 남겨놓고
잔치를 끝낸 새들은 숲으로 가고
나 또한 시집을 다 읽었으니 귀가!
유쾌한 탐조 시간이었습니다.

3부

꽃 지는 날에

목을 뚝뚝 꺾는
꽃나무 밑에서는
엉덩이를 깔고 앉지 마라.
지는 꽃잎 한 장에도
하늘 법이 무거우니
긍휼한 눈빛 없이 바라보는 건
예의가 아니다.
꽃 피는 것이
세상 목숨을 알리는 환한 몸짓이라면
꽃 지는 것은
하늘 목숨을 알리는 쓸쓸한 몸짓
거기에 그대 기댈 마음이 있으니.

꽃바람

꽃바람은
하늘을 향한
가장 극렬한 몸짓
그러므로 꽃밭에서는
두 마음을 품지 마시라
불붙거나
얼어붙거나
사랑이거나 치정이거나
오직 한 마음만
꽃일 수 있고
향기일 수 있느니.

꽃씨

꽃은
필 때
목숨을 건다.

실바람에 흔들리는 꽃잎의
눈부신 관능을 보라.

죽음이 아니고는 맛볼 수 없는
씨방 속에
꿀 한 방울 숨겼으니

그러므로 그대여
목숨 거는 사람에게
방문을 열어라.

꽃씨는
스스로 책임지는 사랑의
궁휼한 댓가다.

동백꽃 1

목젖이 훤히 보이도록
화끈 웃어주는 다산초당 올동백은
봄을 알리는 연기 없는 봉화

술에 취할수록
루즈를 짙게 바르고 시를 읊는
나의 여인처럼
바람 불씨를 긋자마자
극렬히 타오르다 뚝! 뚝!
절정에서 떨어져 자진해버리는
피 묻은 꽃잎을 보라.

아 선홍빛 그 입술에 취해
봄이 오더라.
눈감지 못한 꽃 주검
서러운 언덕길에 동박새 울더라.

네가 그랬던 것처럼

내가 그랬던 것처럼
짧은 봄밤이
저 혼자 황홀히 타오르더라.

옻꽃

마주보기만 해도 어김없이
흔적을 남기는
옻나무 같은 사랑아

아프지 않으면서
엉엉 울어야 가라앉는 두드러기는
그대를 추억하는
잠 못 드는 그리움이다
관절을 타고 흐르는 설레임이다.

나만을 생각해야 한다고
그래야 한다고
가슴 깊은 곳까지 스며들어
보지 않으면서 보고
혼자이면서 결코 혼자이지 않은
옻꽃 같은 사람

피맺힌 그리움이 돋는다.
서러운 그대 꿈이 온몸에 번진다.

원추리꽃

당신이 부르시면
달려가
한아름 꽃이 되고 싶은

꿈에라도 부르시면
날아가
한목에 안기는 향기이고 싶은

아, 얼마를 참아야
눈빛 부름에 잔잔히 떠오르는
이름이 될까
당신의 호흡에 나부끼는
꽃잎이 될까

삶의 아득함을 뚫고
날개처럼 가벼워지고 싶은 목숨

그렇게 하루하루

끌어안고 오르는 절벽이지만
벼랑 위의 원추리꽃
길을 버리라 한다.
사랑을 벗어던지라 한다.

목련꽃

나는 이제 봄을 믿지 않는다.
목련꽃 피는
찬란한 봄을 진정 사랑하지 않는다.
그대는 말했다.
나는 순정한 여자! 라고.
한 겹 한 겹 옷을 벗으며
얼마나 나를 몸살 나게 했던가.
꿈꾸게 했던가.
아, 중심을 마비시켜버린 눈부신 사랑
그러나 죽어도 좋을
열매 맺는 그 밤은 내게 없었다.
지고 말면 그뿐인 목련꽃처럼.

금잔화

당신을 향한 겹겹의 마음을
맨 처음부터 가졌던 것은 아닙니다.
밤마다 나를 휩쓸고 가버리는
폭우 같은 그리움과
굳게 다문 붉은 입술의 떨림.
집으로 가는 길은 이미 저물어버리고
물기 어린 당신의 눈동자 속에서
나는 그만 익사해버렸습니다.
애오라지
당신을 통해서만 씨앗이 되고 싶은
금잔화 사랑
떼어내도 줄지 않는 겹꽃잎 마음입니다.

어리연꽃

사는 일이
먼지바람 같다고 하더니
손 한번 잡은 인연이 무거워 훌쩍
인도로 간 사람.
잘 다녀오란 말도 못하고
어리연꽃 핀 강가에서 허허로이
눈물로 바래느니
꽃잎 몇 장으로 강물을 움켜쥔
저 환한 꽃불
부디 성불하시라.

하늘수박꽃

치정이라 욕하지 마라.
그대를 칭칭 동이고도 모자라
뿌리까지 감아버린 실팍한 인연이다.

욕정이라 비웃지 마라.
그대가 죽으면 나도 따라 죽는
목숨 건 사랑이다.

삶이란
허공에 매달려서까지 키워내야 할
목숨 값이 있고
죽음으로도 바꾸지 못할
넝쿨 사랑법이라는 게 있다.

한 몸 이룰지니
극진한 사랑을 꿈꾸거든
절정의 순간 눈감지 마라.
죽을지라도 감은 손 풀지 마라.

나무허리를 마음껏 죄는
하늘수박꽃
한여름 폭염이 먼저 지치는
목하 열애중이다.

함박꽃

멀리서만 바라보았습니다.
등만 보여준 당신의 그림자를 쫓다가
뒤돌아보는 눈길이면 그만
털썩 주저앉아 숨어야 했던
키 작은 사랑,
이제 와 고백이지만
눈감은 그 자리는 언제나
향기로운 꽃밭이었습니다.
그리움도 계절을 따라 함박꽃 피고
비오리 울음소리 들리는 오월이 오면
불현듯 그대가 생각납니다.
청보리 밭둑길을 스윽 넘던
징하게 예쁜 꽃뱀같이
달빛에 뽀얗게 빛나던 그대 등을
겁먹은 손으로 쓰다듬으며
아, 몸살 나게 좋았던 그날 밤
똬리 튼 추억이 함박함박 핍니다.
마당 가득
환한 그대 얼굴입니다.

석류꽃

기다릴 수 없었습니까.
가장 좋은 시간에
가장 좋은 마음으로
당신께 드리고 싶은 꽃몸을
정녕 기다릴 수 없었습니까.

때가 되면 스스로 열리는 문
그런데 애써 열어젖히려 보채던
억센 그 손길이 그립습니다.

그대여!
옥합을 깨트려
당신 받아들일 준비를 끝낸 지금
비밀한 그 향기를 맡거든
거침없이 달려와 나를 탐해주십시오.

이 순간을 위해
기꺼이 타오를 붉은 숯덩이

알알이 가슴에 쌓아뒀느니
한번은 폭탄처럼 터져야 할 목숨입니다.
터져서 순명한 몸으로 부활해야 할
눈부신 당신의 호흡입니다.

그러나 사랑해주지 아니하실지라도
허공에 매달려 익어가는
붉은 속살은
깜깜한 당신의 밤길을 불 밝히려는
나의 시디신 그리움
영원히 꺼지지 않고 이글거리는
사랑의 조명탄입니다.

바람꽃

향기 없이는 만나지 말자.
목마름만 주는
물기 없는 말로는 더 이상
그립다 말하지 말자.
사랑의 이름으로 우리는
얼마나 많은 상처를 주는가.
그러면서 너 때문이야, 라는 참담한 말을
듣거나 해야 할 때
더 이상 스스로를 속이려 말고
덩그러니 혼자가 되자.
앞산도 모르게 피고 지는 바람꽃처럼
이게 아닌데 하고 느낄 때쯤이면
너무 늦다.
사랑은 말할 수 있을 때 향기롭고
이별은 말하지 않을 때 아름답다.

파꽃

하얀 파꽃이 피면
눈물 나게 한
파향 같은 그 사람을 생각한다.
온종일 맵기만 한 사랑을
뼛속 깊이 남겨놓은 사람.
바람만 불어도 부러질 듯
여리디여린 대궁이 어떻게
저토록 우아하고 탐스러운 꽃을 피울 수 있는지
눈이 멀도록 푸른 잎이 왜
관능의 매운 맛을 깃들여
온몸을 얼얼하게 마비시켜 놓는지
지금도 나는 그 까닭을 모른다.
아, 하얀 파꽃만 보면
꿈속까지 따라와
송두리째 나를 흔들어놓고 가버린
그 사람이 생각난다.
푸른 것은 모두 이율배반적이었다.

엉겅퀴 꽃

한 몸으로
두 마음을 품지 않는 것이
긍휼함이니

엉겅퀴 꽃을 보라
한 뿌리에
한 대궁만을 뽑아 올린
붉은 빛 꽃숭어리

그리운 그 날
꽃잎 포개는 날
죽어도 아니 떨어질
가시돌쩌귀를 가슴에 박고 산다

뿌리도 하나 꽃도 하나
상처를 입었다면 용서하시라
오직 그 사랑을 위한 씨방이니.

불두화

한 번은 꼭
알몸으로 만나야 했다.
찾아가면 언제나
바람보다 먼저 달려와 안기는 꽃몸.
아, 얼마나 그리웠는가
옷 벗지 못한 나는 무례했다.
용서해다오.
그대를 탐한 한 마리 짐승이 이제
부끄러울 것도 없는 알몸이 되어
그대를 마중하리라.
네가 그랬던 것처럼
꽃으로 달려가 눈부시게 안으리라.
불두화여!
욕정도 순해지면 순정이 될까.
세상을 헤매는 짐승의 눈동자를
뜨거운 불인두로 지져놓고
모로 선 마음을 내려치는 꽃주먹 쇠망치.
달밤 마당에 자욱이 피 어린다.

자귀꽃

차마 말 못할 그리움이
물안개처럼 피어오를 때면
자귀꽃나무 등에 기대어 가만히 눈을 감네.

자귀꽃 한 송이 머리에 꽂고
먼 하늘 올려다보며
이 꽃핀 어때요, 하고 눈 물음을 하던
관이 예쁜 크낙새 같은 여자

그 꽃말 그 몸짓이 무얼 뜻하는지
끝내 몰라
지금도 찾아가 귀를 대보는 그 옛날의
자귀꽃나무
크낙새를 보았다는 사람도 없고
나도 그녀를 다시 만나지 못했는데

어머니 돌아가신 날에도
자귀꽃 핀을 꽂고 엉엉 울었다는 여자

여전히 기다리는 나를 추억하고 있을까

크낙새 떠난 숲은 이제 쓸쓸하다.

아기민들레

봄볕 속으로 뛰어드는 아이들
파란 실핏줄이 얼비치는 맑은 얼굴이
키 작은 민들레꽃 같다.

어디에 내놔도 다부지게 클 것 같은
저 어린 목숨들
눈빛이 하도 고와서
마주치면 후두둑 눈물이 날 것 같다.

세월에 녹아든 삶의 비밀을
알 수야 없겠지만
저 아이들이 자라 어른이 되면
바람에 날리는 민들레 씨앗처럼
난분분 흩어져 살겠지.

메마른 길가에서 또는
안개가 사는 둑방에서
그리고 더러는 무너진 돌담 밑에서

제 뿌리에 맞는 꽃대를 세우고
민들레처럼 세상을 굽어보며 그렇게
소풍을 다녀갈 테지.

지는 꽃

하르르 꽃잎 떨어져
걸음에 밟히고
서운한 어떤 것은 가지에 매달려 진물 흘리는
꽃나무 그늘에 가면
그날 그 밤의 환하던 몸이
어금니 깨물고
어떻게 세월 속으로 녹아들어야 하는지를
알 수가 있습니다.

숨을 끊고
제대로 한 번 목숨이 되게 하신
그 짧은 절정으로
비로소 궁휼한 삶이 열렸느니

그런 까닭에
꽃 같은 사랑을 받는 일은 언제나
쓸쓸하고 황홀한 것

발등에 떨어지는
꽃잎의 애기를 자분자분 듣다보면
상처는
아무는 게 아니라
스스로 채우는 자기 그리움이란 걸
알 수가 있습니다.

새앙꽃

네가 아직도 그때의 너이기만 하다면
까맣게 잊었으련만
첫 눈빛 첫 마음을 잊지 않으려
맵디매운 새앙처럼 가슴에
그대를 묻었습니다.
쩍쩍 금이 가는 세월
얼얼한 그리움이 힘들어 속울음을 했지만
해거름 없이 돋아나는 새앙꽃처럼
나를 향기롭게 하는 그대!
키 작은 마음에
보란 듯이 사랑하지 못하고
부르다가 잠이 드는 꿈같은 이름입니다.
네가 아직도 너이기만 하다면
까맣게 잊었으련만
내 마음에 그대는
나날이 진해지는 새앙꽃 향기입니다.

심비디움

빈 하늘 바라보면서
공연히 눈물 흘릴 때가 있다.
마음에 맺힌 것 하나 없는데도
보는 것마다 눈물 나게 다정스럽고
생각하는 것마다
산울림처럼 길게 소리 내며 사라져
무단히 서러울 때가 있다.
바람에 흔들리는 어린 나뭇가지들,
그 사이를 날듯 짧게 건너뛰며 깍깍거리는
한 마리 새,
비 젖은 꽃잎이 흘러가다 멈춘 곳,
누군가의 발자국에 고인 구름 한 조각
이렇게도 쓸쓸하고 저렇게도 그리운 때가 있다.
사랑하는 그대여!
오늘 내 가슴 밭에 심비디움 한 송이 심어다오.
지금 이 눈물로
피워 올리고 싶은 비밀 하나 있다.
그대만이 알아차리는 향기를
고백하고 싶다.

안개꽃

몸무림 치다가
몸부림을 치다가 흩날리는 꽃잎처럼
하르르 내게서 멀어진 사람

언제 무너질지 모를
그날을 위해
우리는 경건히 마주 서 있었고
삶 그 쓸쓸한 한복판에서
기꺼이 괴로워했네.

가르치는 게 아니라면서
바라는 게 아니라면서
아무도 몰래
그리움 불씨를 묻어놓고
스스로 타오르기를 기다린 사랑

사람들은 죽어서
하나의 무덤을 남기지만

피 끓는 가슴에
생무덤을 남겨놓고 결연히 멀어져 간
안개꽃 같은 사람아

단 한번만이라도
그대에게 다다르고 싶었던
나, 누굴 위해 활활 타오를거나.
저녁놀 비낀 빈 하늘 보며
하염없이 눈물짓는다.

성에꽃

투명해지고 싶었지.
사랑이라는 이름으로
다 알아야 한다고
속까지 훤히 보여줘야 한다고
핏속의 한 톨 욕망까지
하얗게 빨아 말려야 한다고
그렇게 들여다 볼 수 있는 몸이어야
자기라 부를 수 있다고.
성에꽃 핀 유리창에 기대어
안이면서 바깥인 모순의 세상을 본다.
소통이면서 단절인
사랑 그 불온한 쓸쓸함을 본다.

메밀꽃 필 무렵

흐드러진 메밀꽃밭에
빈 원두막 한 채

기다림은 늘
꽃길처럼 환해야 하느니

누구라도
사랑하고 싶거든
집 하나 지어놓고

나는
네 눈물로도
꽃밭이 된다고
말할 수 있어야 한다.

맨드라미꽃

견딘다는 것은
묵묵히 가슴을 억누르는 일이지.
문신을 새기듯
그리움 끝없이 깊어만 가고

내 안에 또 다른 사람 하나
뿌리내려 키우는 막막함을 감추고 싶어
장독대 앞에 서서
맨몸으로 피워 올린 맨드라미의
붉디붉은 꽃을 바라본다.

멀어진 그대 발자국 소리를 찾아
서서 잠든 그리움이 얼마나 간절했으면
귀를 닮은 꽃이 되었겠나.
가슴에 떨군 눈물방울들이
알알이 까만 씨앗이 되어 박혔겠나.

그래서일까

까치발을 하고 서 있는
맨드라미꽃을 보고 있노라면
눈물로 쓴 임의 엽서 같다.
토씨들이 절묘하게 박혀 있는
간절한 한 편의 연애시 같다.

4부

감꽃 지던 날

어서 와,
보고 싶었어.

저그 아랫집은 어제부로 갈라섰다대.
자식들은 어떻게 하고?
몰라.

자넨 어디 가지 마.
응.
자기 없으면 나 없어.
알아.

지금이 좋아.
나도.
이따가 어둑해지면 강변 가자.

떨어진 감꽃이
떨어진 감꽃을 만나 속삭이는 소리

달다.
감꽃 물고 오월이 진다.

개화 · 2

구석진 마을
이름 없는 빈 언덕에
흰 피를 쏟고 있는 매화나무들

어둠에 갇혀 창백한
들과 숲
앙상한 정령들이 환하게 깨어난다.

한 순간에 세상을 바꿔놓은 순교자들
그들의 피는 하얗다지?

꽃 피는 날 보았네
순교자의 몸
꽃 지는 날 보겠네
순교자의 마음

봄 언덕에 낭자한 매화의 피

놀란 바람이
제 발목에 꽃그늘을 걸치고
언덕을 넘네
온 마을이 향기롭네.

꽃 지는 날 · 2

백주에 난분분

숨 막히는 떨림
한 점
허공에 진다

툭!

절정에서 꼿꼿해진
외마디 추억
영원 간에 물든다.

목련

봄꽃은 모두
겨울이 주고간 선물

목련꽃
별이 반짝일 때 툭,
바람이 한눈 팔 때 툭,
어둠 어루며 피는 것인데

살결도 곱거니와
향이 맑아
심술궂은 돌개바람도
목련나무 밑에서는 고분고분

꽃피는 소리에
무거운 걸음을 옮기느라 애를 먹는
아흐, 해찰의 봄볕.

목련꽃 아래에서

뒤돌아보면 문득 그리운 세월

무너진 풍경 속에서
지금도 그대는 고운 자태를 뽐내고 있는
목련꽃 같은데

다가가기 차마 두려워
먼 발치에서 훔쳐보던 꿈도
이제는 꾸어지지 않는다.

스스로 빠져나와 헐거워진 추억

아무도 모르지.
폭설에 갇혀
벌판에 서 있는 나무처럼
첫눈에 눈멀어
벌벌떨다 꼿꼿해진 창백한 그리움을

또 한 해 봄이 오고
목련꽃 아래에서 편지를 쓴다.
이런 꽃날이 또 올까

만나보고 싶다.

필경사

바람은 냄새도 모양도 없는
원본의 투명한 기억.
존재를 알 수 없는 태초의 풍경을
세상에 써 넣는다.
보이지 않는 손길로
봄을 옮겨 적는 바람을 보라.
나무라 쓰면 나무가 되고
꽃이 피고
실팍한 잎이 되어 햇살을 뜯는다.
바람의 정령들이
산 넘어 강 건너 빈 언덕에
떼 지어 춤출 때
이름은 비로소 발광[發光]한다.
빛의 씨앗을
어엿한 존재로 돋을새김 해놓는 바람.
사람들은
바람이 그려놓은 풍경을 읽고
움직일 때와 멈출 때를 알아차린다.

창백한 지하의 얼굴로
원전을 옮기는 필경사처럼
태초의 세상을 펼쳐놓는 바람이
내 안에서 숨 쉬며 그대를 빚는다.
생의 모두가 상처이고
지금 여기에 네가 봄이고 꽃이다.

봄

봄을 알리는
매화 꽃잎의
하염없는 떨림과

청보리 모가지를
살그머니 누르면서 언덕을 내달리는
바람의 행렬이

한 번도 경험해보지 못한
봄 풍경 속에서
불꽃처럼 화르르 번진다

기념할만한 봄이 또 왔구나!

봄날 풍경

탄탄한 엉덩이가 받쳐주는
소 등목에 멍에를 얹고
잘 벼린 쟁깃날을 땅에 꽉! 물려가며
한바탕 무진 힘을 쓰고 나서

농부는 쪼그리고 앉아 담배 한 대 물고
힘에 부친 황소가
방울눈을 치뜨고 올려다본 하늘엔
쨍쨍한 하루해가 중천에 걸렸고

이랴

시퍼런 쇳날이 흙살을 먹어 들어갈수록
헤엄치는 물고기처럼
싱싱하게 되살아나는 밭고랑

흙 다루는 재미를 누가 알랴
소는 밭을 갈고

밭은 노인을 갈고
노인은 세월을 간다.

풍경이 슬어놓은 어둑살이 환하다.

봄날의 소원

바람이 분다.
저만치의 봄을 회초리 하는 꽃샘추위
돌개바람이 분다.

겨우내 움츠렸던 그리움을
가슴에 내건다.

그대의 오래된 말
오래된 미소

이 추위 끝에 봄 정원처럼
그대와 나의 마음밭에
꽃이 되어 만발하면 좋겠다.

말갛게 꽃물 들었으면 좋겠다.

봄이 오면

밟으면 되살아나는 먼지처럼
억누르면 더 멀리 번지는 그리움처럼
봄이 오면
내 마음 언덕에 꽃물결 인다.

세월 지나도
그해 봄으로 기억되는 가슴 속
그때 그 사람
늙도록 저물지도 않고 다복다복
꽃처럼 피느니

세상의 모든 꽃은
하늘에 올리는 지상의
궁휼한 헌화

숨은 꽃 뿌리같이
무장무장 뻗어 네게 닿는 때마다
그리운 꽃송이 화르르
피고 또 진다.

지는 꽃

꽃 진 자리 보고
상처를 알았다

봄날의 오후가
혼수에 빠져 익사하고

이제 꽃그늘 아래에서
그대의 추억과
입맞춤 할 수 없겠구나

절규하듯 내리꽂히는 햇살
퐁당퐁당 꽃잎 떨어진다

너 없는 낮이 깜깜하다.

폐사지의 봄

영화로운 시절은 가고 세월의 그을음만 남았다.
환한 얼굴 한 번 갖지 못하고
벙어리처럼 입 닫아버린 폐사지 석불
덩그러니 홀로 예불을 올리며
함께 사라지지 못한 운명의 점괘를 떼고 있다.
벚꽃으로 장엄한 폐사지 야외법당
반짝이며 되살아나는 화광[花光]을 보라.
발밤발밤 얼마나 꽃길을 걷고 싶었을까
폐사지 석불이 꽃으로 웃고 풍경으로 말한다.
듣는 귀는 떨어져 나가고
우레처럼 질러대던 사자후의 입술은 닳아
말[言]들이 고이지 못한지 오래.
석불의 묵언을 알아채고
살아서 돌아온 폐사지의 벚꽃나무는
얼마나 행복할까.
두 손 모아 빌고 또 비느니
꽃 같은 그리움은 출렁이지만 말고
어서 돌아오라.
잠들지 못한 정령들이 부활을 꿈꾼다.

홍수

강이
물결무늬 흘림체로 비문을 쓰네.
거친 숨 몰아쉬며
붉은 피 유언을 쓰네.
강변 사람들
여름만 되면 몸부림치는
강의 시퍼런 비명소리를 듣네.
같이 살아도
같이는 갈 수 없는 나라가
강 건너라는 것을 아는 사람은
살림을 건지러 가지 않네.
다만 강심을 잘못 읽어
떠내려간 사람
물 위에 이름을 풀어놓고
강을 건너네.
그제야 홍수주의보 떨어지네.

고요는 어떻게 태어나는가

가을 숲에 가면
초록을 갉아먹는 햇빛소리,
낙엽을 떨구고
대지를 향해 휘었던 무거운 가지를
하늘로 치켜드는 나무들의
가뿐한 기지개 소리 들린다.

풍우에 단련된 나뭇잎을
잘 말려 굴리는 바람소리
알뿌리에 물을 저장하는 풀잎의
미세한 숨소리도 들린다.

죽음을
온몸으로 껴안는 숲의
뜨거운 심장 소리에
산은 피가 돌고
바위는 쩍쩍 금이 가는 것이니

나는
이 모든 살아 있는 소리를
고요라 한다.

물들기 좋은 날이다.

꽃무릇 · 2

천만 년이 흘러도 쓸쓸해

살아도 죽어도
그대는 가장 먼 나

나는 가장 먼 그대

풍장

어떻게 사느냐보다
어떻게 사라지느냐를 생각한다.

바람을 읽고
바람과 싸우다
바람에 눕는 잎의 가벼움이라니

잘 말린 몸
허공을 뛰어내려
마지막 숨을 찍는 투신이
아름답다

나무처럼
내가 나를 풍장하고 싶다.

눈내리는 날에는

눈 내리는 날에는
죄 없는 양 함부로
하늘을 올려다보지 마라.

너와 나의 욕된 죄
덮어주려고
하늘 허공을 달려오는 것이니

세상을 위해
주저 없이 뛰어내리는 눈발의
가없는 발걸음 소리를
이 밤 잠들지 말고 들어야 한다.
긍휼한 그이 방문을
맨발로 맞이해야 한다.

눈 내리는 날에는
겸손한 어깨에
하늘이 전하는 순백의 말을
소복소복 받아가며 걸어야 한다.

육필

아무도 몰라야 했습니다.
알아서는 아니 되는 비밀이어야 했습니다.
억누름으로는 감출 수 없는 사랑
그러니 마음만이라도 나눠야 했습니다.
눈 내리는 어느 해 겨울
글 친구들과 밤늦도록
혁명과 사랑과 시에 대해 이야기 하다
한 이불 속에 누웠더랬지요.
일생일대의 행운으로 우리는 함께였습니다.
아 눈빛조차 들킬세라 눈을 꼭 감고
떨리는 심장을 다독여가며
그대 손바닥에 손가락 글씨를 썼습니다.
세포에 새기는 사무침으로
우리 이야기는 끝이 없었습니다.
단 하룻밤으로 인연은 끝났지만
그때 쓴 사랑노래는 지금도
관절 마디마디를 타고 흐르며 몸속을 떠돕니다.
손가락으로 쓴 육필 편지를

지금도 기억하고 사는지
가끔씩 마음의 우체통을 열어봅니다.
하나님도 모르는 비밀입니다.

그를 만나지 못하고

전주에 다녀오는 버스에서
밖으로 보이는 풍경이
파래서 너무 파래서
눈물이 날 것 같은 여름 논

그 논두렁을
챙 넓은 모자를 쓰고
아주 천천히
손끝으로 볏잎을 스치며
걸어보고 싶은 충동 하염없이

그 파란 물결
내 마음과 같다는 생각과 함께
지평선을 들었다 놓기를 온종일
바람에 멍이 들었다.

그리움

후박나무 잎에 떨어지는
빗방울 소리
천둥처럼 들리던 밤

앳된 그대
젖은 몸이
강물처럼 밀려들더니

명치 끝에 걸려
빠져나가지 못하고 파랗게
멍이 들었다.

나무농사

아내는 돈이 될까 해서 심고
나는 꽃이나 볼 요량으로 심는다.

이렇게 바라는 것이 서로 다른
삶의 정원이라니

그러나 걱정 뚝!
동상이몽도 자주 꾸다 보면
알콩달콩 부딪칠 만하고
오월동주도 허허로이 다툼 재미가 쏠쏠하다

그러다가 혹
쓸 만한 재목이 되면 팔[賣]거나
아니면 꽃 대궐 되어
두 눈이 호사를 누린다.

고단한 살림살이가 재밌다.

늑대

그는 나를 늑대라고 불렀다.

그럴 만하다.
난 생살만을 고집했으니까
붉은 피 뚝뚝 흘리는
살아 있는 살을 즐겼으니까

나의 별자리는 야행성 늑대
밤이 되면
두 눈은 더 멀리 반짝이고
이마는 뜨거워졌으니
코끝에 스미는 피 냄새를 쫓아
나의 이성과 감성을 광야에 풀어놓는다.

굶주린 내 영혼
목마르구나
망극하구나

나는 오늘도
침엽의 숲을 어슬렁거리는
고독한 사냥꾼
늙지 않는 평원의 늑대다.

독도 사랑

온 누리에 비치는 장엄의 일출을
가장 먼저 맞이하는 곳.
너 있음으로 우리가 있는
공존의 핏줄.
언제나 험한 역사의 물결에 쓰러지지 않는
무게 중심이 되어 주었고
때로는 어둠을 분연히 떨치고 일어서는 횃불이 되어
함께 나아갈 길을 비추는
꺼질 수 없는 등대지기로 한 몸 이룬 어진 섬.
그런 까닭에 너는
수수만년 겨레의 빛이요
지성의 인중이요
우리 민족의 나아갈 바 형형한 눈빛 같은 것이니
너의 스러짐은 우리의 고난이요
너의 근심은 우리의 고통이라.
죽음으로 지켜야 하느니
영원토록 힘 다해 지켜내야 하느니
어찌 감히 탐내게 놔둘 것이며

목숨 보배를 빼앗길 것이냐.
너의 이름 아래에서 우리는
한 배달 한 겨레가 되고
너의 존재함으로 우리는 공존의 운명이 된다.
그러므로 겨레여, 민족이여!
빼앗기지 말자.
감히 털끝도 넘보지 못하게 하자.
세세무궁토록 명심하고 자랑하자.
독도여, 사랑하는 독도여!

무인도

바다로 둘러싸여 있어도
마실 물이 없고
사람들로 둘러싸여 있어도
사랑이 없으니
너와 나
마음의 닻을 내리지 못하고 떠도는
외로운 섬일 뿐.

불효자의 문병

몸살감기에 걸려
밥숟갈 뜨기도 되다는 어머니가 걱정돼
밤늦은 퇴근길을 본댁으로 향했는데
아픈 삭신을 달래려 일찍 잠자리에 드셨는지
집안 불은 꺼져 있고
마당은 어둠에 휩싸여 적막했다.
걸음을 알아채고 반기는 강아지를 토닥이다
까치발을 하고 어머니의 숨소리를 들으려
창문 틈에 귀를 대고 서 있자니
발목 무릎이 욱신욱신 시리다.
잠 깨우기 차마 송구해
'어머니, 저 왔다 가요'
속말로 문안드리고 마음을 합장하는데
마른기침 속에 섞여 들려오는 여린 목소리.
'늦었구나, 나 괜찮으니 어여 가 쉬라.'
화단 꽃가지 한 송이 꺾어 현관문에 꽂아두고
대문을 나서는데 끙! 하며
돌아눕는 어머니의 앓는 소리가
천둥처럼 들렸다.

사진전

풀잎 위의 청개구리
산 채로 박제되었다.

그 누가 가뒀나 저 어린 것
이제 아플 것도 없고
깊은 연못에 뛰어들어 울 일도 없겠지만

한 줄기 바람에
하현달은 휘청 허리를 꺾고
풀잎 바르르 떠는 밤마다

박제된 청개구리
찰나에 뜨겁게 피가 돌아
전시장을 폴폴 뛰어다니겠네.

점등

아침 햇살이
풀잎 끝에 매달린 이슬방울을
점등한다.

일제히 켜지는 알전구

하늘은
떠다니는 이슬에게도
점등으로 길을 안내하는데
나는 무엇을 들고 살아갈까

삶이란
눈[目] 덮은 마지막 날을 위해
등불을 준비하는 것이니

마음의 꽃짐 짚어지고
임 마중 가는 길

나는 나를 점등한다.

카페에서

누군가를 기다려본 사람은 안다
기다림 끝에 그리움이 시작된다는 것을.
느린 곡조의 음악이 흐르는 카페에서
나는 기다린다.
오지 않을 사람
결코 와서는 안 될 사람인 줄도 안다.
그럼에도 기다리는 것은
보석 같은 그리움을 만들고 싶기 때문.
만날 수 없다면
동동거리는 사람 냄새 나는 그리움을
이젠 사랑해야지.
만나서 재가 되는 황홀함보다
속으로 파랗게 싹이 돋는 겨울나무 같은
그리움을 간직해야지.
세상과의 결별을 준비하는 단풍잎
홍기종기 모여 계절을 모의하는 환절기의 바람
젖은 발부리를 말리는 가로등
뜨거운 입술을 기다리는 앙증맞은 찻잔

슬픔을 압축해 뽑아낸 에스프레소
모두 달콤 쌉싸래하다.

풍경 · 1

바람을 만나기 전에는
눈멀고 귀먼
온기 없는 물고기였다.

추녀 끝에 매달려
얼음장 같은 어둠을 꽝꽝 두드리더니
득음을 했나, 운다

바람을 깨치고
적멸보궁에 드는 무혈 목어

몇 개의 바다를 마시고 토해야
그 한 몸 유유히 건널
무심천에 이를까

환생의 절절함으로 꼿꼿해진
지느러미를 세우고
헤엄쳐 오르는 직벽의 세상은

소실점 없는 외길

서풍은 불고
홀로 가는 길에 풍경이 운다.

풍경 · 2

한 번을 다녀가도
마음 같은 것 말고
껴안을 수 있는 몸으로 와주시는
당신이 눈물 납니다.

무시로 나를 흔드는 이여

당신의 손길 닿을 때마다
나도 모르게
아, 나도 모르게
노래로 울음으로 황홀케 하시니
고맙습니다.

한 아름 안고 토닥이며
사랑에 겨워하시는 말씀이
심금을 울립니다.

사랑은

눈 뜨자마자
그 사람을 가장 먼저 맞이하는
마음의 풍경을
가슴에 내다 거는 일입니다.

해설

물은 생명의 근원이며 꽃은 애욕의 표본이다

이승하(시인, 중앙대 교수)

　우리 인류가 83년 뒤, 21세기의 마지막 날에 텐, 나인, 에잇, 세븐…… 제로! 하고 외치며 22세기를 맞이할 수 있을까? 극단적인 전망이자 위험한 상상력이지만, 확률을 운위하자면 반반 정도가 되지 않을까. 그만큼 우리가 사는 이 시대는 전망과 희망이 부재한 불확실성의 시대다. 우주 탐험? 우주 개발? 우주 정거장? 인류가 탈출구를 마련하기 전에 어느 날 홀연 종말의 시간이 도래할 확률이 50%에 가깝다는 것이 나의 추측이다.

　사람들은 그래도 일상의 사소한 일들에 대해서는 태산처럼 걱정하지만 인류 멸망의 날 같은 사건에는 위기의식을 갖기 어렵고, 그래서 안심하고들 살아간다. 너무나 큰 사건은 그렇게 인간의 상상을 불허한다. 지구 온난화, 오존층 파괴, 남극과 북극 빙하 지대의 사라짐, 열대우림지역의 사막화, 각종 신종 질병의 창궐, 중단 없는 핵무기 개발, 원자력발전소들의 위험, 바다의 오염, 지상의 매연…… 지혜로운 우리 인간이 이런 각종 위험 요소를 잘 극복해낼 것이라는 맹목적인 믿음을 갖고 살아간다. 그러나 이 시선집의 해설자는 이런 낙관론을 전혀 믿지 않는다. 시멘트 제조회사의 홍보실에 7년 반을 근무한 적이 있는 나로서는 시멘트 생산 공장과 분쇄 공장의 분진과 건축폐기물이 마지막으로 가는 길을 너무나 잘 알고 있다. 이 지구는 더 이상 인간이 만든 쓰레기를 수용할 수 없는 지경에 이르러 있다. 한 명의 인간이 한 생애 동안 버리는 쓰레기의 양을 생각해보라. 일주일에 두세 번 쓰레기를 분리수거하는데, 3명이 살고 있는 우리 집만 해도 엄청난 양의 종이와 플라스틱 제품과 깡통을 버리면서 살아간다.

구연배 시인의 시선집 원고를 읽으면서 해설자가 줄곧 생태계 파괴 현상, 인류의 어두운 미래, 엔트로피 개념, 멸종 위기에 이른 생명의 종 등을 생각한 것은 시인의 주된 관심사가 '물'과 '꽃'이었기 때문이다. 물론, 구연배 시인이 생태환경시를 표방하거나 공해문제에 대해 각별히 관심을 갖고 시를 통해 거론하거나 해결책을 모색하지는 않았지만 해설자는 구 시인의 시를 생명과 생태의 관점에서 읽고자 한다.

    깨지면 물이 되는 빗방울.
    빗방울은 낮은 데로 흘러 강을 이루고
    이윽고 파도치는 바다에 이른다.

바다는 햇볕에 닳아 짠물이 되고

날마다 부서져 영원히

바다로 자리매김을 한다.

깨진다는 것은 아름답다.

그것은 하나의 아픈 몸짓에 불과하지만

또 다른 세계를 이루나니

—「빗방울은 깨져야 바다가 된다」 제3, 4연

  이 시의 제3연은 그야말로 자연의 이치를 말해준다. 우리가 종종 사용하는 순리라든가 이법이라든가 이치라든가 하는 낱말에는 거역하지 않고 '잘 따른다'는 뜻이 들어 있다. 빗방울이 낮은 곳으로 흘러 강을 이루고, 강은 파도치는 바다에 이른다. "내가 나로부터 멀어졌을 때/ 내가 보이는" 것처럼 "빗방울은 깨져야 바다가 되"고, "꽃망울은 터져야 향기로운 꽃이 된다". 진통이 있어야 새 생명이 태어나는 것도 같은 이치이리라.

  '따르지 않는다'는 것은 '강을 막는다'는 것과 동의어다. 고인 물은 썩게 마련이다. 삼라만상의 모든 사물과 생명은 순환이 되어야 한다. 멈추면 죽고, 죽으면 썩는다. 썩어야 순환이 된다. 어느 항성이건 혹성이건 자전과 공전을 한다. 빅뱅 이후 모든 별이 계속 팽창중이란 것도 천문학자들의 주장이다. 물은 흘러가야 하고 바람은 불어야 하고 밤이 가면 아침이 와야 한다. 4대강에서 죽은 물고기들을 보라. 자연의 순리를 거역하면 물은 썩고 물고기는 떼죽음을 한다. 시인이 "물이 되고 싶다"고 외치는 이유가 무엇일까? 자연의 이법을 따르며 살고 싶다는 생각의 시적 표현이 아닐까.

    강둑에 서서
    흐르는 물을 본다.
    낮게 낮게 아래로만 떠내려가는
    저렇듯 끝이 없는 겸손

    (중략)

    가장 낮은 걸음으로
    까마득한 들녘을 적시고
    작은 가슴으로
    우주를 품에 안은 물은
    비어 있으면서 차 있고
    차 있으면서 비어 있는 허공이다.
                             ―「물이 되고 싶다」 제1, 3연

  시인은 물의 속성을 배우고 싶어 한다. 아래로 아래로만 떠내려가고 싶어 한다. 물은 생명의 근원이므로 가는 길을 막아 가둬두어서는 안 된다. 농경사회에서는 보洑가 필요하지만 공업사회에서는 댐이 필요하다. 흘러가라 물! 흘러가라 강! 시인은 외치고 싶은 것이다. "비어 있으면서 차 있고/ 차 있으면서 비어 있는 허공"이 물의 속성이다. "길 너머 길을 보는 물"이, "내가 되어 나를 흘러가는/ 그런 물이 되고 싶"은 시인은 계속해서 물을 노래한다.

> 강은
> 한잠 자지 않고 밤새
> 그대가 알지도 못할 곳까지 흘러갔다가
> 흘러와 강기슭을 찰싹거리며
> 싣고 간 달을 꺼내놓고
> 어두운 발밑을 비춰 주거니
>
> 그대 빈산을 휘감는
> 파도 소리를 또 들어보라
> 강은
> 광막한 여행의 감동을 못 잊어
> 온몸을 들썩이며 얘기하고
> 신비의 노래를 끊임없이 쏟아놓으거니
>
> ―「물의 간극」제3, 4연

이 시에서도 시인은 물의 속성에 대해 탐색을 하고 있다. 제목은 '물의 간극'이지만 시는 "처음이면서 끝인 물길의 간극 없는 사이를/ 깊이깊이 헤아려본다"고 하면서 물이란 것이 사물의 간극을 없애는 역할을 한다고 말한다. 바다의 수면에서 하늘로 올라간 물이 구름이 되고, 구름은 비가 되어 내리고, 산천초목을 적신 비는 개울물로 흐르고, 개울물은 시내를 이루고, 시냇물은 강물이 된다. 물의 순환이야말로 영원회귀의 우주관과 크게 다를 바 없다. 강은 "광막한 여행의 감동을 못 잊어/ 온몸을 들썩이며 얘기하고/ 신비의 노래를 끊임없이 쏟아놓"는다. 이러한 물의 속성이 자연의 이치요 우주의 법칙이거늘 인간은 지구상에 출현한 이래 자연을 파괴만 해왔다. 화석연료와 기름연료가 동이 날 기미를 보이자 원자력발전소를 곳곳에 지어 가동하고 있는데 쓰나미가 오자 후쿠시마는 펑! 큰 사고를 냈다. 우리나라에도 지진이 수시로 오고 있는데 집 벽에 금이 가는 것이 문제가 아니다. 원자력발전소가 흔들리면 우리나라 전체가 흔들리게 될 것이다. 자, 이제 방향을 돌려 이런 시를 보자.

  꽃을 보고 울었던 그 눈물
  꽃으로 피어날 수 있다면
  얼마나 향기로울까

  이슬을 보며 황홀했던 그 눈동자
  이슬로 맺혀 눈뜰 수 있다면
  얼마나 투명할까

향기롭게 다가가
투명한 가슴으로 만나야 할 사람.

낙엽을 보며 노래했던 그 목소리
낙엽으로 다시 뒹굴 수 있다면
얼마나 아름다울까

강물을 보고 깊어졌던 그 마음
강물이 되어 흐를 수 있다면
얼마나 고요할까

아름답게 타올라
고요한 영혼으로 꿈꿔야 할 사랑.

―「사랑의 마음」 전문

  이 시선집에서 해설자가 최고로 꼽고 싶은 작품이다. 시인은 인간과 자연과의 관계가 어떠해야 하는지를 이렇듯 온 마음을 다하여 서정적으로 들려준다. 우리가 명심해야 할 것은 인간이란 존재 자체가 자연의 지배자가 아니라 자연의 일부라는 것이다. 자연과 인간이 조화와 상생의 관계가 아니면 자타공멸할 수밖에 없다. '자연 사랑'이 구호로 끝나는 현실이 시인은 몹시도 가슴 아프다. 인간의 자연에 대한 사랑은 아낌이어야 하고 기림이어야 한다. '너'가 없으면 나도 없다는 존재론이 자연과 나 사이에 성립되어야 한다. 자연이 파괴되면 나의 생명도 파괴된다는 상호 의존 관계가 우리 인간에게 자연을 아끼는 마음을 영원히 갖게 하지 않을까. 사랑하는 이를 잃으면 자기 자신에 대해 존재 의미를 잃는 것처럼, 나에게 자연은 유일무이한 생명의 원천이라는 자각이 필요한 것이다. 우리 인간은 상대방의 한마디 뜻도 없이 한 말을 곡해하는 일이 비일비재한데 자연은 그렇지 않다. 물도 그렇지 않고 꽃도 그렇지 않다. 자연의 질서대로 모든 것이 순환하면서 조화를 이룬다.

이 글의 서두에 죽 나열했던 온갖 현상들이 모두 자연재해나 천재지변은 아니다. 인간에 의해 초래된 비극적 현상이다. "세상이 쓰러지고/ 쓰러진 세상을 밀고 가는/ 단 하나의 물길만이/ 나를 일으켜 세우는 강"이고, "강은 숨어서 흐르고/ 눈뜨면 흔적도 없"(「숨은 강」)다. 우리가 물의 속성을 본받는다면 파괴도 파멸도 없을 것이다. 물의 자연스러운 흐름을 중단시킨 4대강 사업도 문제지만 그린벨트 해제로 전국 방방곡곡 거의 모든 청정지역이 파헤쳐지고 있는 것도 큰 문제다. 한반도의 등줄기인 백두대간이 뚝뚝 끊어지고 있다. "숲에 가면/ 살아 있는 소리들로 가득한/ 고요를" 만날 수 있었는데, 그 고요의 소리란 "새가 울고/ 나뭇잎이 흔들리고/ 계곡물 흐르는 소리/ 낙엽 썩는 소리/ 썩어서 흙이 되는 소리"이기에 시인은 이제 이렇게 외친다. "들어보라/ 저 끝없이 맑은 소리의 합창"(「고요를 찾아」)을. 이 시선집에 유독 꽃에 대한 시가 많이 나오는 이유도, 자연과의 합일을 꾀하고 싶은 시인의 오랜 바람 때문일 것이다. 제3부는 이런 시로 시작된다.

> 목을 뚝뚝 꺾는
> 꽃나무 밑에서는
> 엉덩이를 깔고 앉지 마라.
> 지는 꽃잎 한 장에도
> 하늘 법이 무거우니
> 긍휼한 눈빛 없이 바라보는 건
> 예의가 아니다.
> 꽃 피는 것이
> 세상 목숨을 알리는 환한 몸짓이라면
> 꽃 지는 것은
> 하늘 목숨을 알리는 쓸쓸한 몸짓
> 거기에 그대 기댈 마음이 있으니.
> ─「꽃 지는 날에」 전문

 우리는 꽃을 꺾는 행위를 아무렇지 않게 한다. 꺾은 꽃을 비닐에 싸서 선물하고 꺾은 꽃을 바치며 조문한다. 며칠 냄새 맡고 감상한 뒤 아무렇지 않게 내버린다. 그래서 시인은 힘주어 말한다. 꽃나무 밑에서는 엉덩이를 깔고 앉지 말라고. 지는 꽃잎 한 장도 긍휼한 눈빛 없이 바라보는 것은 예의가 아니라고. 한편으로는 꽃이 지는 것을 "하늘 목숨을 알리는 쓸쓸한 몸짓"이라고 말한다. 꽃이야말로 모든 생명 현상의 이유를 말해주는 신의 복음 같은 것이다. 살고 싶어서 피어나고, 살아남고 싶어서 씨를 만든다.

꽃은
필 때
목숨을 건다.

실바람에 흔들리는 꽃잎의
눈부신 관능을 보라.

죽음이 아니고는 맛볼 수 없는
씨방 속에
꿀 한 방울 숨겼으니

그러므로 그대여
목숨 거는 사람에게
방문을 열어라.

꽃씨는
스스로 책임지는 사랑의
긍휼한 대가다.

—「꽃씨」 전문

이 시에서는 꽃씨의 의미를 그야말로 의미심장하게 짚어보고 있다. 꽃씨가 "스스로 책임지는 사랑의/ 궁휼한 대가"라는 것은 대단한 발견이 아닌가. 꽃이 그러하듯 "목숨 거는 사람에게 방문을 열어"야 하거늘, 우리가 어디 그러한가. 꽃은 매일 전심전력, 혼신을 다해 자신이 피어나는 이유를 몸소 보여준다. 씨앗 하나 만드는 일, 낙엽 하나 떨어뜨리는 일, 꽃 한 송이 피워내는 일이란 사실 꽃나무 하나하나의 최선을 다한 생명력의 발산이다. 생명성의 발현이다. 시인은 어느덧 낱낱의 꽃에 대한 탐색에 착수한다.

목젖이 훤히 보이도록
화끈 웃어주는 다산초당 올동백은
봄을 알리는 연기 없는 봉화

술에 취할수록
루주를 짙게 바르고 시를 읊는
나의 여인처럼
바람 불씨를 긋자마자
극렬히 타오르다 뚝! 뚝!
절정에서 떨어져 자진해버리는
피 묻은 꽃잎을 보라.

아 선홍빛 그 입술에 취해
봄이 오더라.
눈감지 못한 꽃 주검
서러운 언덕길에 동박새 울더라.

네가 그랬던 것처럼
내가 그랬던 것처럼
짧은 봄밤이
저 혼자 황홀히 타오르더라.

—「동백꽃 1」 전문

 에로티시즘의 극치다. 하지만 모든 에로티시즘은 죽음에 대한 준비다. 죽음 연습인 것이다. 선홍빛 만개한 극치에서 뚝! 생명을 놓아버리는 황홀한 아름다움에 말문이 막힐 지경이다. 에로스의 절정에서 죽음 열망이 피어오르는 것은 에로스가 인간의 모든 감정 중 가장 극단까지 달릴 수 있는 것이면서, 그 지점에 이르지 못하는 에로스는 미진한 채로 남는다는 사실을 환시시켜 준다. 그래서 인간은 죽기를 각오하고 사랑에 빠지는 것이며, 죽기까지 달려가는 사랑 속에서 새로운 생명의 탄생을 꿈꾸는 존재인 것이다. 인간이 양성생식에 의해 종족번식을 열렬하게 해왔으므로 시인도 동백꽃이 피는 밤에 선홍빛 동백의 에로틱한 아름다움을 완상할 수 있었던 것이리라.

나는 이제 봄을 믿지 않는다.
목련꽃 피는
찬란한 봄을 진정 사랑하지 않는다.
그대는 말했다.
나는 순정한 여자!라고.
한 겹 한 겹 옷을 벗으며
얼마나 나를 몸살 나게 했던가.
꿈꾸게 했던가.
아, 중심을 마비시켜버린 눈부신 사랑
그러나 죽어도 좋을
열매 맺는 그 밤은 내게 없었다.
지고 말면 그뿐인 목련꽃처럼.

―「목련꽃」 전문

  이 시에는 말하는 '중심'의 뜻을 시인에게 물어보고 싶다. 재미있는 대답이 돌아온다면 시인은 위트를 아는 이일 것이며, 바른 답이 돌아온다면 시인은 고지식한 이일 것이다. 어느 쪽이든 필자는 시인의 대답에 대한 기대만으로도 이 시를 읽는 즐거움이 쏠쏠하지만, 나는 이 '중심'을 '심장'으로 해석하고 싶다. 사랑을 모르던 때는 잠잠하던 심장이 사랑을 알고 나면 물레방아 돌아가는 소리를 내며 사정없이 뛰었던 경험이 누구에게나 있으리라. 그 "중심을 마비시켜버린 눈부신 사랑"을 시의 화자는 꿈꾸고 있다. 심장이 몇을 정도로 뜨거운 사랑을 만나 그 사랑을 지속시키고 싶은 열망이 시편에 담겨 있다. 목련꽃처럼 금방 져버릴 사랑이 아닌 "죽어도 좋을/ 열매 맺는 그 밤"을 꿈꾸는 자, 바로 구연배 시인이다. 이어지는 시도 대체로 연애시다. 누가 꽃을 식물의 성기라고 했던가. 나비와 벌을 불러 모으는 꽃은 최선을 다해 향기를 풍기고, 목숨을 걸고 꽃씨를 만든다. 시인은 꽃을 보며 농도 짙은 사랑을 꿈꾼다.

    치정이라 욕하지 마라.
    그대를 칭칭 동이고도 모자라
    뿌리까지 감아버린 실팍한 인연이다.

    욕정이라 비웃지 마라.
    그대가 죽으면 나도 따라 죽는
    목숨 건 사랑이다.

    삶이란
    허공에 매달려서까지 키워내야 할
    목숨 값이 있고
    죽음으로도 바꾸지 못할
    넝쿨 사랑법이라는 게 있다.

    한 몸 이룰지니

극진한 사랑을 꿈꾸거든

절정의 순간 눈감지 마라.

죽을지라도 감은 손 풀지 마라.

나무허리를 마음껏 죄는

하늘수박꽃

한여름 폭염이 먼저 지치는

목하 열애중이다.

―「하늘수박꽃」전문

 시인은 이 시를 통해 하늘타리로 불리기도 하는 수박하늘꽃의 속성을 이야기한다. "죽음으로도 바꾸지 못할/ 넝쿨 사랑법"이란 것이 무엇인가. 죽을지라도 감은 손 풀지 않는 극진한 사랑이요 "그대가 죽으면 나도 따라 죽는/ 목숨 건 사랑"이다. 사랑을 하려면 수박이 넝쿨을 만들어 '나무허리'를 칭칭 감듯이 해야만 한다. 절정의 순간에 눈감지 말라는 표현이 이 시를 더욱 에로틱하게 만든다. 낱낱의 식물의 특성을 노래한 듯하지만 대체로 시는 연애시다. 대상을 막연히 그리워하는 이를 화자로 내세운 시가 아니라 상대방을 만나 뜨겁게 타오르기를 갈망하는 이, 몸이 한껏 달아오른 이를 화자로 내세웠다.

 청보리 밭둑길을 스윽 넘던

징하게 예쁜 꽃뱀같이

달빛에 뽀얗게 빛나던 그대 등을

겁먹은 손으로 쓰다듬으며

아, 몸살 나게 좋았던 그날 밤

—「함박꽃」부분

이 순간을 위해

기꺼이 타오를 붉은 숯덩이

알알이 가슴에 쌓아뒀느니

한번은 폭탄처럼 터져야 할 목숨입니다.

터져서 순명한 몸으로 부활해야 할

눈부신 당신의 호흡입니다.

—「석류꽃」부분

눈이 멀도록 푸른 잎이 왜

관능의 매운 맛을 깃들여

온몸을 얼얼하게 마비시켜 놓는지

지금도 나는 그 까닭을 모른다.

아, 하얀 파꽃만 보면

꿈속까지 따라와

송두리째 나를 흔들어놓고 가버린

그 사랑이 생각난다.

—「파꽃」부분

이런 식의 관능적인 표현은 시집에서 얼마든지 찾아낼 수 있다. 거의 모든 꽃 소재 시가 이와 같이 에로티시즘의 극치를 보여준다. 심지어는 골목 풍경을 묘사할 때도 시인은 인간세상에서 중요한 것이 바로 이것이라고 한다.

> 다닥다닥 붙어 있는 처마 밑
> 허름한 담 사이로
> 옆집 온씨 아저씨 밤마다 비밀스럽게 힘쓰는 소리
> 아 귀 막아도 사정없이 들려오는 곳
> ―「골목 풍경」부분

화자는 살아 있는 모든 것들이 생명력을 발현하는 과정에 애욕과 식욕이 없으면 안 되는데, 그것이 멈춰버리면 곧바로 죽음이 찾아온다는 것을 들려주고 싶었던 것이 아닐까. 화자가 "그대를 탐한 한 마리 짐승이 이제/ 부끄러울 것도 없는 알몸이 되어/ 그대를 마중하리라"(「불두화」)고 고백하는 것도 살아 있음을 증명하기 위해서다. 화자는 마치 연인에게 편지 쓰듯이 "상처를 입었다면 용서하시라/ 오직 그 사랑을 위한 씨방"(「엉겅퀴꽃」)이라고 쓴다. 자연의 이치를 에로티시즘으로 풀어낸 것이야말로 이 시선집의 큰 특징이다.

> 언덕배기 국밥집에 들어가

돼지암뽕 곁들여 막걸리 한 되 좋게 마시고
장터 한 바퀴 휙 둘러가며 골짝골짝 묵은 소식 듣고
똑부러진 말로 들은 소문 전하고
낯익은 장돌뱅이들과 덕담 몇 마디에 너털웃음 웃고
축 늘어진 명태 서너 마리 사고
아들놈 검정고무신 골라 옆구리에 꿰차고
양지바른 쪽에 쪼그리고 앉아 한 숨 달게 졸다가
불알친구 만나 흥금 없이 한 잔 더하고
용케도 왔던 길 되밟아가며
맡긴 물건 찾아 휜 어깨에 들쳐 메고
징검다리 건너오다 다리 한쪽 물에 빠지고
터벅터벅 집에 가는 황톳길.

—「아버지의 오일장」 부분

  이 시는 앞의 시와 어떤 점에서 유사한가. 바로 인간의 건강한 생활의 모습이 담겨 있다는 점이다. 이 세계에서는 불화와 갈등, 혹은 투쟁과 쟁취 같은 것이 없다. 시장은 단순히 물건을 사고파는 곳이 아니라 생명이 생활하고 활동하는 곳이다. 시인은 봄날에 밭에 나가 풍경을 보고 이렇게 묘사한다.

탄탄한 엉덩이가 받쳐주는
소 등목에 멍에를 얹고

잘 벼린 쟁깃날을 땅에 콱! 물려가며
한바탕 무진 힘을 쓰고 나서

농부는 쪼그리고 앉아 담배 한 대 물고
힘에 부친 황소가
방울눈을 치뜨고 올려다본 하늘엔
쨍쨍한 하루해가 중천에 걸렸고
이랴

시퍼런 쇳날이 흙살을 먹어 들어갈수록
헤엄치는 물고기처럼
싱싱하게 되살아나는 밭고랑

흙 다루는 재미를 누가 알랴
소는 밭을 갈고
밭은 노인을 갈고
노인은 세월을 간다.
　풍경이 슬어놓은 어둑살이 환하다.

―「봄날 풍경」 전문

 이 시를 보니 로버트 브라우닝의 시가 생각난다. "때는 봄/ 날은 아침/ 아침 일곱 시/ 산허리는 이슬 맺히고/ 종달새는 날고/ 달팽이는 아가위나무에서 기고/ 하느님은 하늘에 계시고/ 세상은 평화롭다"는 「파파」라는 시. 구연배의 시가 대체로 그렇다. 세상에 대한 낙관적 전망 내지는 낙천적인 생활 태도를 보여준다. 서로 더 가지려고 애를 쓰는 것 자체가 자연의 이치를 배반하는 것이다. 자본의 축적, 생산의 증식, 잉여가치의 창출 같은 것을 하는 동물과 식물이 있는가. 오직 인간만이 할 뿐이다. 그래서 어떻게 된 것일까. 지구 온난화, 오존층 파괴, 남극과 북극 빙하 지대의 사라짐, 열대우림지역의 사막화……. 자연을 그대로 두라. 사람은 본성대로 행동하라. 왜 우리 인간이 물의 속성을 본받지 못하는지, 꽃의 이치를 깨닫지 못하는지, 답답할 따름이다. 다음 시는 일종의 자화상인데 시인의 시작 태도가 잘 나타나 있다.

그는 나를 늑대라고 불렀다.

그럴 만하다.
난 생살만을 고집했으니까
붉은 피 뚝뚝 흘리는
살아 있는 살을 즐겼으니까

나의 별자리는 야행성 늑대
밤이 되면
두 눈은 더 멀리 반짝이고

이마는 뜨거워졌으니

코끝에 스미는 피 냄새를 쫓아

나의 이성과 감성을 광야에 풀어놓는다.

—「늑대」 부분

 우리는 항용 성욕이 강하거나 여성 편력이 심한 자를 '늑대'라고 표현한다. 시인이 스스로 평하는 늑대는 야행성을 갖고 있다. 야행성夜行性이기도 하지만 야행성野行性일 수 있다. 시집 전체를 통틀어 도시가 공간적 배경이 된 시는 거의 없다. 다 자연이다. 그런데 그의 영혼은 굶주려 있거나 목마르다. 그래서 "오늘도/ 침엽의 숲을 어슬렁거리는/ 고독한 사냥꾼"이다. 고인 영혼은 4대강처럼 썩고 만다. 조로 현상이 심하고 권위의식은 더욱 심한 우리 시단에서 구연배 시인이 "늙지 않는 평원의 늑대"가 되어주길 바라는 이유는 그의 시가 나이와 무관하게 싱싱하기 때문이다. 앞으로는 더욱더 "붉은 피 뚝뚝 흘리는/ 살아 있는 살"을 즐기기 바란다. 우리 시단에 드문 원시의 목소리, 시원의 상상력을 그가 지니고 있다.

꽃도 목숨을 걸고 피는데

초판 1쇄 2017년 7월 15일
초판 2쇄 2017년 8월 10일

지은이_ 구연배
펴낸이_ 윤승천
펴낸곳_ Km

등록번호_ 제25100-2013-000013호
주소_ 서울특별시 은평구 가좌로 10길 29
전화_ 02-305-6543
팩스_ 0505-115-6077, 02-305-1436

ISBN 978-89-967527-0-7   03810

책값은 뒤표지에 있습니다.
저자와 협의 아래 인지를 생략합니다.

이 책의 판권은 Km에 있으며 저작권은 저자와 Km에 있습니다.
허가없는 무단인용 및 복제·복사·인터넷 게재는 법에 따라 처벌됩니다.